진짜 경제학

고구레 다이치 지음 · 유가영 옮김

진짜경제학

지금 왜 애덤 스미스인가?

애덤 스미스가 지향한 사회는 어떤 모습일까? 그는 인간을 어떻게 정의했는가?
경제발전의 필요성에 대해서는 무슨 생각을 했을까?
애덤 스미스가 몇십 년에 걸쳐 구상한 경제철학, 삶의 방식에 대한 철학적 성찰이 응축된 메시지!

지금이야말로 성장과 행복에 대해 생각해야 할 때다!

말글빛냄

지금 왜 애덤 스미스인가?

애덤 스미스의 250년 전 주장 속에는 현대인이 안고 있는 고민을 해결할 수 있는 암시가 담겨 있다. 그 암시, 즉 현대를 살아가는 지침을 널리 알리고자 하는 마음에서 이 책을 쓰게 되었다. 현대 사회에서 애덤 스미스는 그다지 유명한 인물이 아니다. 경제학을 배운 사람이라면 적어도 '경제학의 아버지', '보이지 않는 손'이라는 문구 정도는 알고 있을 것이다. 하지만 그의 주된 주장이나 이

념까지 제대로 이해하고 있는 사람은 거의 없을 것이다. 따라서 경제학을 접한 경험이 없는 사람은 그저 이름만 알고 있는 정도일 것이다.

일부에서는 스미스를 '개인의 이기적인 이익추구를 용인한 자유방임주의자' 또는 '약자를 무시하는 냉철한 합리주의자'로 보는 견해도 있다. 하지만 이것은 엄청난 오해이다.

애덤 스미스는 '자유방임'이라는 말을 사용한 적이 없다. 또 "자신의 이익을 위해서라면 무엇이든지 해도 좋다"는 말도 하지 않았다. 오히려 "다른 사람에게 질타 받을 행동을 해서는 안 된다"거나 "다른 사람을 방해하는 경쟁은 하면 안 된다"라고 말했다.

최근 경제의 세계화로 인해 사람들 간의 경쟁이 치열해지고 실업률은 더욱 높아 졌다. 또한 승자와 패자의 격차가 확대됨에 따라 소득격차도 심각한 문제로 떠올랐다.

그리고 이 모든 것을 윤리관이 결여된 자본주의 경제의 책임으로 보는 풍조가 생겨났고 '경제학의 아버지'인 애덤 스미스를 그 모든 악의 근원으로 보는 견해가 확립되었다.

애덤 스미스가 '이기주의'를 용인한 것은 명백한 사실이다. 또한 개인이 각자의 이익을 추구하면 '신의 보이지 않는 손'이 작용해서 사회전체가 저절로 잘 돌아갈 것이라고 주장했다. 하지만 그것은 "나만 좋으면 된다"는 의미가 아니다. 스미스는 윤리관을 전제로 자유경쟁을 주장했다. 사회적으로 인정받을 수 있는 방법으로 경쟁하거나, 자신의 양심에 따른 올바른 경쟁만을 인정했던 것이다.

애덤 스미스의 저서 가운데 가장 유명한 것은 〈국부론〉이다. 하지만 〈국부론〉만으로는 스미스의 진짜 의도를 정확히 이해하기 어렵다. 왜냐하면 〈국부론〉은 그의 주장의 일부에 지나지 않기 때문이다.

애덤 스미스가 말하고자 한 바를 깨닫기 위해서는 먼저 또 하나의 대작인 〈도덕 감정론〉을 이해해야 한다. 그 책이 스미스의 진짜 의도이자 기본, 즉 전제가 되는 그의 사고방식을 담고 있기 때문이다. 이것을 이해하지 못한 채 〈국부론〉만 읽으면 "스미스는 이기주의를 지지했다"라는 단편적인 이해밖에 얻지 못할 것이다.

그렇다면 〈도덕 감정론〉과 〈국부론〉을 함께 이해하면 무엇을 알 수 있을까? 최소한 다음의 세 가지 의문의 답을 우리에게 제시해 줄 것이다.

· 경제 발전은 꼭 필요한가?

· 행복이 곧 돈을 의미하는가?

· 무엇이 옳고 무엇이 그른가?

애덤 스미스가 지향한 사회는 어떤 모습일까? 인간이란 생물을
어떻게 정의했을까? 무엇이 선이고 무엇이 악이라고 생각했을
까? 경제발전의 필요성에 대해서는 무슨 생각을 했을까? "경제학
을 만들었다"라고 일컬어지는 인물은 과연 이와 같은 질문에 대해
어떻게 생각하고 있었을까? 이것을 아는 것은 현대를 살아가는
우리에게 무척 뜻 깊은 일이 될 것이다. 250년 전 스미스가 생각한
철학은 분명 현대를 살아가는 우리에게 인생의 팁을 제시해줄 것
이다.

고구레 다이치

CONTENTS

애덤 스미스 경제학에 대한 통설

1723년	스코틀랜드에서 태어났다. 아버지는 그가 태어나기 전에 돌아가시고 홀어머니 밑에서 자랐다.
1751년(28세)	글래스고 대학교의 교수가 된다.
1759년(36세)	〈도덕 감정론〉을 출판한다(스미스가 죽기 전까지 5차례 개정되었다).
1763년(40세)	교수직을 사임하고 프랑스로 건너간다. 중농주의를 주장한 프랑수와 케네 등과 친분을 맺는다.
1766년(43세)	스코틀랜드로 돌아와 〈국부론〉의 집필에 몰두한다.
1776년(53세)	〈국부론〉을 출판한다(스미스가 죽기 전까지 4차례 개정되었다).
1790년(67세)	에든버러에서 그 생애를 마감한다.

애덤 스미스는 약 290년 전에 태어난 '경제학의 아버지'이다. 따라서 굉장히 명석하고 뛰어난 두뇌를 가진 인물이라고 생각되겠지만, 일부에는 그에 대해 의외의 성격이었다는 기록이 남아있다.

"방랑벽이 있었다", "끊임없이 혼잣말을 해댔다", "정신이 갑자기 다른 세계로 날아 가버린 것 같았다" 등 특이한 일면을 지닌 인물이었다고 한다. 물론 대단한 업적을 남긴 인물이기 때문에 남다른 사고력과 분석력을 지닌 천재임에는 틀림없다. 하지만 "바보와 천재는 종이 한 장 차이다"라는 말이 있듯이 보는 사람에 따라서는 그다지 믿음직스럽지 않은 사람으로 보였을 수도 있다. 즉, 애덤 스미스는 천재인 동시에 의외의 결점을 지닌 인물이었다.

본론에 들어가기에 앞서 '스미스 이미지'에 대해 알아보자. 애덤 스미스라고 하면 가장 먼저 떠오르는 것은 '이기주의', '보이지 않는 손'일 것이다. 즉, 스미스의 주장으로 가장 먼저 떠오르는 것은 "인간 사회는 정부가 이런 저런 규제를 하기보다도 각자 자신의 이익만을 생각하고 행동하면(이기주의적으로 행동하면) 모든 것이 해결된다. 왜냐하면 '신의 보이지 않는 손'이 작용해서 모든 것을 조정하기 때문이다"라는 이론이다.

요컨대 다른 사람은 신경 쓰지 않고 각자 자신이 생각한대로 행동하면 그것이 곧 사회전체의 이익이 된다는 것이다. 그리고 사회전체의 이익이 된다면 개인은 자신의 이익만을 추구하며 행동하는 것이 최선이고 다른 사람의 사정은 신경 쓸 필요가 없다는 뜻이다. 무엇보다 개인의 자유로운 행동을 제한하는 규제나 정부의 활동은 폐해일 뿐이다. 따라서 정부는 시장에 대한 모든 개입을 중단해야 한다.

이런 이미지가 '스미스의 경제학에 대한 통설'이다. 특히 개인의 이익만을 추구하면 세상이 저절로 돌아간다는 이기주의나 시장에 맡겨두면 모두 잘 된다는 시장만능주의는 당초의 취지를 잃고 '윤리가 결여된 경제사상', '약자소외론'으로 크게 비판 받고 있다.

스미스가 "이기주의적인 행동이 사회전체의 이익으로 이어진다"라든가 "자유로운 시장거래가 최선이다"라고 주장한 것은 명백한 사실이다. 하지만 그것은 어디까지나 어떤 전제 조건이 주어졌을 때 성립된다. 이런 전제를 무시하기 때문에 통설과 같은 결론이 그럴 듯하게 들리는 것이다.

스미스가 말한 이론에 이 전제를 더하면 전혀 다른 세계가 보일 것이다. 결론부터 말하면 애덤 스미스는 결코 '윤리가 결여된 시장원리주의자'가 아니다. 스미스의 경제이론을 제대로 이해하기 위해서는 먼저 스미스의 도덕이론부터 되짚어볼 필요가 있다. 따라서 그의 명저 〈도덕 감정론〉을 이해하는 것은 매우 중요한 일이다.

1 도덕 감정론

— 무엇이 선(善)이고 무엇이 악(惡)인가?

어떤 행동이나 생각이
칭찬받거나 비난받는 것은
국가와 시대에 따라 다르다.

다른 시대와 다른 국가의 다른 상황들은 거기에 사는 대다수의 사람들에게 각각 서로 다른 성품을 갖게 한다. 따라서 각 성품들의 비난받을 만하거나 또는 칭찬받을 만한 특정한 정도에 관한 감정들은 그들이 처한 나라와 시대가 달라짐에 따라서 다르다.

— 도덕 감정론에서

'보이지 않는 손'

현대 사회에서 애덤 스미스는 '경제학의 아버지', 즉 경제학자로만 알려져 있다. 하지만 스미스의 사고방식은 '경제학'이라기보다 '윤리 도덕관'에 더욱 강하게 드러난다. 스미스는 경제학자이기 전에 철학자였다.

대부분의 사람들이 애덤 스미스에 대해 '보이지 않는 손'을 연상한다. 스미스는 '인간이 자신의 이익만을 생각하고 추구하면 결과적으로 사회전체가 최상의 상태가 된다'고 생각했다. 각자 자신의 이익만 생각하고 있음에도 불구하고 사회전체가 저절로 조화로워진다. 참으로 신기한 일이 아닐 수 없다. 마치 어떤 보이지 않는 힘이 작용하고 있는 것처럼 보인다. 스미스는 그것을 '보이지 않는 손'이라고 말했다.

참신하면서도 알기 쉬운 '선전문구'였던 탓에 이 '보이지 않는 손'은 아이러니하게도 당초의 취지를 잃어갔다.

현대 사회에서도 많은 사람들이 스미스를 자유방임주의자이자 "이익을 얻을 수만 있다면 무엇이든지 해도 좋다고 주장한 윤리관이 없는 사람"이라고 생각한다.

하지만 이것은 엄청난 오해다. 스미스는 인간을 단순히 이기적인 존재로 보지 않았다. 분명 스미스는 사회가 잘 통합되고 발전해가기 위해서는 '이기심'이 필요하다고 말했다. 하지만 그 이기심이 정의와 윤리에 의해 통제되어야 한다고 강조했다. 그는 도덕적 규칙을 지킨다는 것을 전제로 '자유경쟁'을 주장했다.

그것이 스미스의 경제이론의 근저에 있는 사상이다.

즉, 스미스의 경제이론을 제대로 알기 위해서는 먼저 '스미스의 도덕관'을 이해해야 한다. 그리고 스미스의 도덕관을 이해하는 데 필요한 것이 그의 또 하나의 대작인 〈도덕 감정론〉이다. (이 책은 예전에는 〈도덕 정조(情操)론〉이라고 불렸지만 현재는 〈도덕 감정(感情)론〉이라는 명칭을 주로 사용한다.) 사족을 붙이자면 스미스는 〈도덕 감정론〉과 〈국부론〉에서 각각 한 번씩, '보이지 않는 손'이라는 문구를 썼다. 그리고 '신의 보이지 않는 손'이 아니라 단지 '보이지 않는 손'이라고 썼다.

경제학을 공부한 사람에게 '스미스=신의 보이지 않는 손'이다. 하지만 스미스는 이 말을 〈도덕 감정론〉과 〈국부론〉을 합쳐 딱 두 번밖에 쓰지 않았다. 게다가 '신의'라는 말은 붙이지도 않았다.

그렇지만 역시 스미스의 주장의 핵심은 '신의 보이지 않는 손'의 논리이다. 등장하는 횟수는 적지만 도처에서 이 이론이 등장한다. 또한 스미스는 "신이 이 세상을 만들었고 인간은 단지 활동하고 있을 뿐이다. 그리고 신을 향한 신앙심이 인간을 올바른 방향으로 인도한다"는 메시지를 강하게 내세웠다. 스미스가 '보이지 않는 손'의 주인을 '신'으로 여기고 있다는 것이 문맥상에도 명백히 드러난다.

'보이지 않는 손'을 '인간의 손'이 아닌 '신의 손'이라고 생각하는 것은 스미스의 주장을 이해하는 데 아주 중요한 요소이다. 따라서 이 책에서는 그의 이론을 중시해서 '신의 보이지 않는 손'이라고 표기하기로 한다.

스미스의 철학 ─경제에 앞서 사회를 생각한다

스미스의 저작 중 가장 유명한 것은 〈국부론(모든 국민의 부)〉이다. 하지만 스미스는 〈국부론〉을 출판하기 17년 전에 〈도덕 감정론, 1759년〉이란 책을 출판했다. 그리고 그는 이 〈도덕 감정론〉 때문에 유럽 전역에서 유명해졌다.

〈도덕 감정론〉의 주된 목적은 "사회의 질서를 유지하고 있는 인간의 본성이 무엇인지를 명백하게 하는 것"이다. 즉, 사회가 질서를 유지하고 있는 이유가 무엇인지를 분석하는 것이다.

동서고금을 막론하고 인간사회에는 많은 사람들이 모여 생활하고 있다. 다양한 사람들이 모여 있는 만큼 각자의 의견도 다르다. 그리고 역사상 어느 시대, 어느 나라든 전쟁이나 범죄가 전혀 없는 완벽하게 질서정연한 사회는 없었다. 더욱이 현대 사회에서는 이해관계가 점점 복잡하게 얽히고 충돌해서 전쟁으로까지 치닫는 경우도 있다.

하지만 그렇다고 해서 사회가 완전히 '무질서'한 것만은 아니다. 범죄는 존재하지만 항상 신변의 위험에 노출되고 있는 것은 아니다. 또한 다른 사람과의 재산 분쟁이 일상적으로 벌어지고 있는 것도 아니다. 어느 정도의 질서는 지켜지고 있다. 그렇다면 질서는 왜 지켜지고 있는 것일까?

분명 "법률을 위반하면 처벌받기 때문"이라는 이유로 범죄가 통제되고 있는 면도 있다. 하지만 지켜보는 사람이 없어도 일정한 질서는 지켜지고 있다.

예를 들어 채소밭의 무인직판장에서는 주인이 지키고 있지 않아도 대부분의 손님들이 돈을 지불한다. 돈을 넣는 척하면서 그냥 가져가려고 마음먹으면 얼마든지 그럴 수 있는 상황이다. 그리고 대부분의 경우 그 죄는 평생 드러나지 않을 것이다. 그럼에도 불구하고 다들 확실하게 돈을 지불한다. 이를 통해 인간이 사회의 질서를 지키거나 해서는 안 되는 일을 하지 않는 것은 처벌받기 때문만이 아닌 무언가 다른 이유가 있기 때문이라고 짐작할 수 있다.

다만 그 전에 주목해야 할 점은 '경제학의 아버지'라 불리는 스미스가 "경제는 어떻게 성립되었는가?"를 생각하기 전에 "인간

사회는 어떤 원리로 성립되고 있는가?"를 먼저 생각했다는 것이다. 즉, 경제에 대해 생각하기에 앞서 사회에 대한 생각을 먼저 했다는 것이다. 이것은 스미스가 경제보다 사회질서를 유지하는 법칙이나 도덕관을 먼저 생각했다는 증거라고 할 수 있다.

스미스는 먼저 사람들끼리 문제없이 사회생활을 영위할 수 있는 이유에 대해 생각했다. 그리고 인간 본연의 모습과 인간으로서 지녀야 할 도덕관에 대해 이야기했다. 그런 다음 '인간 본연의 모습'을 전제로 경제를 발전시킬 방법을 생각했다. "경제발전에 앞서 사회를 유지하는 요소와 인간이 지녀야 할 도덕관에 대해 생각했다"는 사실은 애덤 스미스라는 인물을, 그리고 그의 주장을 이해하는데 반드시 기억하고 있어야 할 점이다.

사회의 질서를 유지하는 것

그렇다면 사회의 질서를 유지하는 것이란 도대체 무엇일까? 스미스는 인간이 올바른 행동을 하고 나쁜 행동을 하지 않는 것은 인간의 내면에 있는 다양한 감정이 서로 작용한 결과라고 생각했다. 그리고 그것은 '동감(同感)'이라는 말로 응축되었다. 즉, 스미스는 이 '동감'이 인간사회의 질서를 유지하고 있다고 생각했다.

스미스의 도덕관, 나아가 경제이론을 이해하는 데 동감(동류감정)은 절대 빼놓을 수 없는 개념이다. 스미스의 모든 것은 동감을 전제로 하고 있다고 해도 과언이 아니다.

그렇다면 동감(同感)이란 공감(共感)을 의미하는 것인가? 비슷한 의미지만 동감이 조금 더 깊은 사고방식이라고 할 수 있다. 따라서 여기서부터는 조금 더 세심하게 그 개념을 풀어가 보기로 한다. 먼저 도덕 감정론의 서두를 한 번 살펴보자.

의역

가령 자신에게 직접적인 이익이 없더라도 사람은 다른 사람의 행복이 자신에게 중요한 것이라고 느낀다. 저절로 그렇게 느껴버리는 생물인 것이다.

원문

인간이 아무리 이기적인 존재라 하더라도, 그 천성에는 분명히 이와 상반되는 몇 가지가 존재한다. 이 천성으로 인해 인간은 다른 사람의 운명에 관심을 가지게 되며, 단지 그것을 바라보는 즐거움 밖에는 아무것도 얻을 수 없다고 하더라도 다른 사람의 행복을 필요로 한다.

— 도덕 감정론에서

요컨대 "인간은 자신의 이해와 상관없는 다른 사람의 일에도 기뻐하거나 슬퍼한다"는 것이다. 시험에 합격해서 기뻐하는 사람을 보면 "해냈구나! 정말 잘 됐어!"라고 생각한다. 그리고 가족이나 연인을 잃고 슬퍼하는 사람을 보면 "세상에 얼마나 슬플까?"라고 느낀다.

또한 재산을 부당하게 강탈당한 사람이 그것을 되찾기 위해 고군분투하는 것을 보면 응원하고 싶어진다. 반면 아무 이유 없이 다른 사람에게 상처를 주거나 도둑질을 하는 사람을 보면 분노가 생긴다. 비록 자신이 사건의 피해자가 아니더라도 당사자의 마음이 되어 동류의 감정, 즉 분노나 슬픔을 느끼는 것이다. 이것이 바로 동감이다. 당사자와 똑같은 감정을 느낀다는 것인가? 이 부분이 조금 복잡하지만 동감에는 그 이상의 의미가 포함되어 있다.

인간은 주위에서 벌어지는 일을 보고 단순히 똑같이 느끼는 것이 아니다. 스스로 그 사람의 입장이 되어 다른 사람이 한 행동이나 품고 있는 감정을 마치 자신이 직접 겪은 일처럼 생각한다. 그런 다음 다른 사람의 행동이나 감정의 '정당성'을 평가한다. 그리고 자신의 행동을 다른 사람이 '옳다'고 여기면 동감을 얻은 것이고, 그 행동은 잘못되었다고 여기면 동감을 얻지 못한 것이다.

표현을 바꿔 다시 한 번 설명하면, 스미스는 "인간은 다른 사람의 행동을 보고 자신도 똑같은 행동을 할지, 혹은 똑같은 것을 느낄지에 대해 생각한다"라고 말했다. 이것이 전제이다.

예를 들어 A가 B에게 폭력을 휘둘렀다고 가정해보자. 그것을 본 우리는 A의 행동에 찬성할 것인지 반대할 것인지를 생각한다. 이 때 우리가 A가 B를 때린 이유도 알고 있다고 가정해보자. A가 단순히 화가 나서 B를 때렸는지, 아니면 B가 중요한 약속을 깼기 때문에 때렸는지, B가 먼저 때렸기 때문에 그 보복을 한 것인지 등 A가 B를 때린 배경도 고려해서 A의 행위가 옳은지 그른지를 판단한다.

그리고 나도 A와 똑같은 행동을 할 것이라고 생각하면 A의 편이 되어 그를 응원한다. 반대로 나는 그런 행동은 하지 않을 것이라고 생각하면 A를 비난한다.

이때 우리가 A를 응원하고 그가 옳다고 생각하면 A는 우리의 동감을 얻은 것이 다. 반대로 우리가 A는 옳지 않다고 느끼면 A는 우리의 동감을 얻지 못한 것이다.

이것이 동감의 개념이다. 현대적인 언어로는 동조(同調)와 비슷하다. 또는 찬동(贊同)으로 바꿔도 이해하기 쉬울 것이다. 스미스의 도덕관, 나아가 경제학의 사고방식은 모두 동감에서 출발한다. 따라서 애덤 스미스를 이해하는 데 이 동감의 개념을 빼놓을 수 없다.

중요한 것은 여기부터이다. 우리가 다른 사람의 행동을 평가하고 있다는 것은 주위 사람들도 우리의 행동을 평가하고 있다는 것이다. 즉, 우리의 행동은 항상 사회전체로부터 평가 받고 있는 것이다. 그럴 경우 "다른 사람에게 나쁜 평가를 받고 싶지 않다"라고 느낄 것이다.

그 감정이 바로 핵심이다. 사람은 자신이 한 행동이나 느낀 것에 대해 세상 사람들에게도 동조 받고 싶어 한다. 스미스에 따르면 이 "세상 사람들에게 동감을 얻고 싶다"는 소망은 특별히 우리만 그렇게 느끼는 것이 아니라 인류 공통의 가장 중요한 바람인 것이다. 즉, 인간은 다른 사람의 동감을 얻고 싶어서 견딜 수 없는 생물이다. 그리고 항상 동감을 얻기 위해 행동하는 생물이다. 여기서 스미스의 말을 빌려보자.

의역

자신이 느끼고 있는 격한 감정을 주위에서 동의하고 지지해주는 것만큼 기쁜 일은 없다. 반대로 자신이 느끼는 감정을 아무도 이해하지 못하는 것만큼 슬프고 불쾌한 일은 없다.

원문

동감의 원인이 무엇이건 간에, 또는 그것이 어떻게 생겨나건 간에, 다른 사람도 마음속으로 우리 마음속의 감정에 동류의식을 느끼고 있음을 보게 되는 것 이상으로 즐거운 것은 없다. 또한 다른 사람이 마음속으로 우리와는 반대로 느끼고 있음을 보게 되는 것만큼 충격적인 일도 없다.

— 도덕 감정론에서

우리는 주위 사람들과 사회로부터 인정받을 수 있는, 지지를 받을 수 있는 행동을 취하려고 하는 것이다. 이상한 표현이지만 "다른 사람을 의식하며 살고 있는" 것이다.

이것이 스미스가 주장한 이론 전반에 관계된 기본원칙이다. 현실적으로 매순간 사회의 시선을 의식하고 사는 것은 불가능하다. 모든 사람들에게 인정을 받는 것 또한 불가능한 일이다.

세상에는 다양한 가치관을 가진 사람들이 존재한다. 게다가 같은 사람이라도 당시의 기분에 따라 다른 평가를 내리는 경우가 있다. 세상은 무척 변덕스럽고, 불공정한 경우가 있는 것이다. 더구나 현실사회는 다양한 이해관계로 얽혀 있다. 그렇기 때문에 모든 사람에게 받아들여지고 인정받는 것은 불가능하다. 특히 이해관계에 놓여 있는 경우에는 '이쪽에 좋은 일이 저쪽에는 나쁜' 상황이 발생한다.

예를 들어 모집인원이 한 명인 채용공고에 두 명이 지원해오면 어느 한 쪽을 떨어뜨릴 수밖에 없다. 이때 떨어진 사람은 "뭐야! 날 떨어뜨리다니 말도 안 돼!"라고 자신을 탈락시킨 사람을 비난할 가능성이 있다. 딱히 나쁜 일을 한 것이 아닌데도 비난을 받게 된다.

여기서 우리는 "모두의 시선을 의식하고는 살 수 없다"라고 생각하게 된다. 인간은 누구나 세상의 동조를 얻고 그들에게 좋게 여겨지고 싶어 한다. 그렇기 때문에 다른 사람의 눈을 의식하며 행동하는 것이다. 하지만 100명 가운데 100명 모두에게 지지를 받는 것은 불가능하다. 누군가의 마음에 들려고 하면 다른 누군가에게는 미움을 받을 수도 있다. 한결같이 모든 사람의 마음에 들 수는 없는 것이다. 그렇다면 누구의 기준에 맞춰야 좋을까?

이 부분이 스미스의 주장에서 중요한 핵심이다. 우리가 의식해야 할 상대는 다른 사람이 아닌 자신의 내면에 만든 기준이다.

이제 우리가 판단을 청해야 할 상대는 특정한 누군가가 아니다. 왜냐하면 그 사람의 평가는 그저 변덕일지도 모르고, 특정 인물에게 칭찬받아도 대다수의 다른 사람들에게 비난 받는 경우도 생길 수 있기 때문이다. 요컨대 '특정한 누군가'에게 절대적인 기준을 바라는 것은 불가능하다.

우리의 행동이 세상 사람들에게 인정받을 수 있는지 없는지는 세상 사람들에게 판단 받아야 한다. 단, 변덕스러운 판단을 하지 않는 사람, 아무 이유 없이 원한을 품지 않는 사람, 한쪽으로 치우친 생각을 하지 않는 사람에게 평가를 받을 필요가 있다.

기분이나 감정에 휩쓸리지 않고 보편적으로 선악을 판단해주는 재판관처럼 '흔들리지 않는 평가자'가 필요하다.

사람에 따라서는 스승이나 멘토가 있어서 그 사람의 의견에 100% 따르는 경우도 있다. 하지만 어떤 행동을 할 때마다 매번 스승에게 질문을 할 수는 없다. 또한 아무리 자신이 존경하는 사람이라도 그의 판단이 반드시 세상 사람들의 판단과 일치하는 것은 아니다. 그가 '좋다'고 말해도 세상 사람들은 '나쁘다'고 평가할 가능성도 있다. 그렇다면 어떻게 하는 것이 좋은가?

사회전반에 걸친 표준적인 판단기준이 있으면 된다. 주위의 한 사람 한 사람은 치우친 견해를 가지고 있을 수도 있다. 하지만 사회 전반적으로 보면 치우침이 없는 표준적인 평가를 내려준다. 그 기준을 참조하는 것이 좋다. 스미스는 그 기준을 "자신의 내면에 만든다"라고 생각했다.

가상사회의 눈

항상 참조할 수 있고 치우치지 않은 도덕기준을 주위에 요구하는 것은 불가능하다. 그렇기 때문에 스미스는 결국 자신의 내면에 선악의 판단기준을 갖게 된다고 생각했다.

즉, 사람은 자신의 내면에 치우침이 없는 선악의 판단기준을 갖고 '선악의 재판관'을 갖는다. 자신의 내면에 인격과는 별개로 재판관 혹은 평가자를 만든다. 그리고 그 재판관의 얼굴색을 살피면서 자신의 행동이나 언사가 옳은지, 그른지를 판단해서 행동한다는 것이다.

스미스는 이 재판관을 '공정한 관찰자'라고 불렀다. 이 공정한 관찰자는 우리의 행동을 공정한 눈으로 관찰해서 옳고 그름을 판단한다. 그렇다면 결국 행동의 선악은 자기 스스로 판단한다는 것인가?

그렇게 생각될 수도 있지만 그렇지 않다. 이 부분은 매우 중요하다. 인간은 자신이 내면에 만든 재판관의 판단에 따라 행동의 선악을 판단하게 되기 때문이다. 다만 사회로부터 어떻게 여겨질지를 알기 때문에 내면에 평가자를 만드는 것이고, 그렇기 때문에 그 재판관의 판단기준은 사회의 것과 같아야 한다. 재판관자체는 자신의 내면에 만들지만 재판관이 갖고 있는 '법률(판단기준)'은 사회의 목소리를 바탕으로 만들어야만 한다.

인간은 자신이 살고 있는 사회가 일반적으로 무엇을 '선(善)'으로 삼고 무엇을 비난할지를 생각한다. 그리고 생활 속에서 세상의 판단기준을 발견해서 모아 놓는다. 즉, 사회와 관계를 맺어가면서 이 사회에서의 일반적인 판단기준을 찾아 그것을 법률로써 '내면의 재판관'이 흡수해가는 것이다. 그것이 '도덕규준'이 되는 것이다. 사회의 본질적인 판단기준을 흡수한 재판관은 '가상사회의 눈'이라고 생각할 수 있다. 따라서 이 재판관을 따르면 사회로부터 동감을 얻을 수 있다.

도덕관의 형성

즉, 스미스가 말하는 '내면의 재판관'은 혼자서는 가질 수 없다. 내면의 재판관은 세상의 평가를 법률로 수집해가기 때문에 사회와 교류하지 않으면 재판관을 만들어낼 수 없다. 세상이 무엇을 선이고 무엇을 악이라고 생각하고 있는지를 모르면 법률도 얻을 수 없다. 스미스는 이 도덕관의 이야기를 '미적 센스'라고 말하며 다음과 같이 설명한다.

우리의 얼굴과 복장을 멋있다고 생각하는 것과 우리의 행동의 선악을 판단하는 기준은 똑같은 방식으로 만들어진다.

만약 우리가 무인도 같은 곳에서 평생 혼자서 산다면 자신의 얼굴이나 스타일이 멋있는지 못생겼는지 알 수 없을 것이다. 어쩌면 그런 개념조차 생각하지 않을 수 있다.

우리가 인간의 용모에 대해 멋있다/못났다고 느끼는 것은 사회 속에서 다른 사람을 보기 때문이다. 우리는 거리를 걷다가 "저 사람 멋있다", "저 사람 스타일이 꽤 좋은데"라고 느낀다. 주위 사람들을 평가하고 있기 때문에 멋있다/못났다는 판단이 생기는 것이다. 여기서 우리는 한 가지 사실을 깨닫는다. 그것은 "나도 다른 사람에게 평가받고 있다"는 것이다. 우리가 다른 사람을 보고 "저 사람은 멋있다/저 사람은 그저 그렇다"라고 판단한다면 다른 사람도 똑같이 우리를 보고 평가하고 있는 것이다. 따라서 "그렇다면 다른 사람들은 나를 어떻게 보고 있을까?"가 신경 쓰이기 시작한다. 이때 다른 사람에게 "너는 멋있어/예뻐"라는 말을 듣고 처음으로 자신이 멋있다/예쁘다는 것을 알게 된다. 즉, 다른 사람의 평가를 통해 자신을 알게 되는 것이다.

스미스는 인간의 행동의 옳고 그름도 같은 맥락이라고 생각했다. 혼자 살 때는 자신의 외모를 판단할 수 없는 것과 마찬가지로 혼자서는 자신의 행동이 도덕적으로 옳은지 그른지 알 수 없다. 다른 사람의 평가를 듣고 처음으로 자신의 행동의 선악을 판단할 수 있다. 즉, 자신의 행동의 옳고 그름을 결정하는 것은 다른 사람의 평가라는 것이다.

다른 사람(세상)은 변덕스러운 평가를 하는 경우가 있다. 하지만 전체적으로, 장기적인 시선에서 생각하면 그런 사람은 일부일 뿐 대다수의 사람은 올바른 평가를 한다. 즉, 세상의 목소리는 보통은 옳은 것이다.

다만 보통은 옳다는 것보다 옳은 것은 세상이라고 생각하는 편이 좋다. 어떤 나라에서는 그릇된 일이라도 다른 나라에서는 칭찬받는 일도 있다. 또한 옛날에는 '선'이라고 여겼던 것이 지금은 '그릇된' 것도 있다. 노예제도나 인신매매가 일반적으로 행해졌던 중세를 생각하면 선악의 기준이 변해왔음을 알 수 있을 것이다. 현재 '옳다'고 여겨지는 것은 왜 '옳은' 걸까? 그것은 세상이 옳다고 생각하고 있기 때문에 옳은 것이다.

즉, 절대적인 '선'이나 '악'은 없다. 각 시대와 사회가 각기 다른 가치관과 판단기준을 갖고 있기 때문이다. 그리고 그 의견을 자신의 내면에 흡수해서 내면의 재판관이 판단기준을 만들어가는 것이다. 이렇게 함으로써 우리는 세상의 의견에서 무엇이 옳고 무엇이 그른지를 모은 법률집을 만들어간다. 이것이 항상 자신의 행동

의 선악을 판단하는 기준이 된다. 스미스는 이 법률을 '일반원칙'
이라고 불렀다.

거듭 강조하지만 중요한 것은 도덕적인 선악기준은 세상 나름
대로 세상이 도덕을 결정한다는 점이다. 자신의 행동의 옳고 그름
은 스스로 판단할 수 없다.

이 부분을 착각해버리면 "결국 나 스스로 판단하면 되는 것이
다. 그러니까 내가 좋다고 생각하는 것은 뭐든지 해도 된다"고 생
각해버린다. 그러나 스미스가 생각했던 것은 자신이 속한 사회로
부터 내면의 재판관을 만든다는 것이다. 판단기준은 어디까지나
자신이 아닌 사회인 것이다.

현대 사회에 보내는 메시지

이 부분에서 애덤 스미스가 가장 주장하고 싶었던 것은 선악의 판단은 스스로 결정할 수 없다는 점이다. 무엇이 옳고, 그른지를 결정하는 것은 자기 자신이 아니라 사회로부터 그 의견을 들어야 한다는 점이다.

또한 "혼자서 살면 자신의 용모의 아름다움과 추함을 깨닫지 못하는 것처럼 사회와의 교류가 없으면 도덕관이나 선악의 판단기준을 습득할 수 없다"는 지적은 당연한 말 같지만 사실 현대인은 이것을 간과하고 있다.

스미스가 살았던 18세기 영국은 훗날 산업혁명을 초래한 기술이 이제 막 전개된 시기로 아직 전근대적인 사회였다. 당연히 컴퓨터도 휴대전화도 없었다. 하물며 혼자서 시간을 보낼 수 있는 장소나 오락거리는 물론 그런 생활 방식조차 없었다. 다른 사람과 교류하지 않으면 어느 누구도 혼자서는 살아갈 수 없는 시대였다. 그렇기 때문에 다른 사람에게 어떻게 여겨지는지가 아주 중요한 주제였다.

하지만 현대 사회는 다르다. 생활비만 있으면 슈퍼마켓에서 무엇이든지 살 수 있고 다른 사람과 교류하지 않고도 생활할 수 있다. 그리고 필요한 생활비조차도 대화 없이 묵묵히 몸을 움직이는 노동으로 벌 수 있다. 스미스가 살았던 시대에는 있을 수 없는 일들이다. 그리고 현대는 마음만 먹으면 사회와 교류하지 않고도 얼마든지 살아갈 수 있다. 이것이야말로 우리가 도덕관을 잃어가는 원인이다.

최근에는 도처에서 도덕관이 상실되었다는 말을 듣는다. 나 역시도 그렇게 느끼는 경우가 있다. 그리고 그 원인으로 "우리 사회가 자본주의이고, 경제발전을 추구해왔기 때문"이며 "경쟁을 우선하고 겸손함을 잃어버렸기 때문"이라는 점이 자주 거론된다. 하지만 정말로 그러한가?

분명 금전적인 이익만을 추구하고 인간으로서 중요한 것을 무시하면 도덕이 없는 사회가 될 것이다. 그러나 그것만으로는 '도덕관'이 사라진 것을 설명할 수 없다. 왜냐하면 도덕관이 상실되었다고 느끼는 것은 특별히 돈에 얽힌 경우에만 해당되는 것이 아니기 때문이다.

일전에 이런 광경을 보았었다. 어느 카페 입구에 휠체어와 유모차용의 슬로프가 있었는데, 거기에 당당하게 대형 오토바이를 세우는 사람이 있었던 것이다. 오토바이 주차장은 따로 있었고 그 슬로프에 오토바이를 세워버리면 휠체어가 지나다닐 수 없게 되는 것은 뻔했다.

나를 포함한 많은 사람들이 의문을 가졌다. 점원이 이를 눈치 채고 즉시 다른 주차장에 오토바이를 옮기도록 부탁했다. 어쩌면 그 사람에게도 어쩔 수 없는 사정이 있었을 수 있다. 하지만 이 사실만 놓고 보면 그의 행동은 도덕관이 결여되어 있다. 이때 거기에 오토바이를 세운 그에게 도덕관이 결여되어 있던 것은 그가 경제 발전을 추구하고 있었기 때문일까? 아니며 앞다투어 경쟁하고 있었기 때문일까?

그렇지 않다. 그가 도덕관에 의심받을 행동을 한 것은 뭔가 다른 부분에 원인이 있기 때문이다.

스미스는 "다른 사람과의 교류를 통해 그가 자신의 행동을 어떻게 볼지에 대해 생각하게 된다." 그리고 "자신의 행동을 바로잡도록 도덕관을 익혀간다"라고 생각했다.

만약 스미스가 말한 것처럼 사회 속에서 다른 사람과 교류함으로써 도덕관이 형성된다고 하면, 도덕관이 사라지는 것은 다른 사람과의 유대나 관계가 얕아지기 때문이다. 바쁘기 때문에 도덕관을 잃어버리는 것이 아니라 다른 사람과의 유대가 얕아졌기 때문에 상실되는 것이다.

〈도덕 감정론〉의 서론에는 "아무리 이기적인 사람이라도 인간은 다른 사람을 의식하면서 살아간다"라고 쓰여있다. 나는 처음 이 문장을 읽었을 때 솔직히 이해 할 수 없었다. 왜냐하면 애덤 스미스는 "인간이 이기적으로 행동하면 세상이 잘 돌아간다"고 생각한 사람이라고 생각했기 때문이다.

스미스가 이기주의를 주장했던 것은 사실이다. 그는 인간이 이기적으로 행동하면 '신의 보이지 않는 손'에 의해 세상이 저절로 돌아간다고 생각했다. 다만 여기에는 다른 사람에게 마음을 쓰는 것이 '인간의 본성'이라는 생각이 전제하고 있었다. 인간은 가장 다른 사람을 생각하는 생물이다. 그 감수성을 지녀야만 이기적으로 행동해도 사회가 붕괴되지 않는다는 것이 스미스의 생각이었다.

하지만 만약 "다른 사람에게 마음을 쓴다"라는 전제가 사라진다면 어떻게 될까? 다른 사람이 자신에 대해 어떻게 생각할지 신경 쓰지 않게 된다면?

이렇게 된다면 인간은 다른 사람과의 관계가 얕아져 무엇이 선이고 무엇이 악인지 판단할 수 없게 될 것이다. 이것이야말로 현대인이 안고 있는 문제일 수 있다.

2 애덤 스미스의 인간관

'진짜'는 표면적인 칭찬에
들뜨거나 하지 않는다.

우리가 무지 또는 착각으로 인해서
존경과 감탄의 대상이 되는 것으로는 결코 충분하지 않다.
— 도덕 감정론에서

내면의 재판관

인간은 세상의 평가기준을 자신의 내면에 흡수해 '재판관'을 만든다. 세상의 평가는 때로 변덕스럽기도 하지만 보통은 본질적인 평가를 내린다. 그 본질적 평가만을 받아들여 자신의 내면에 법률을 만드는 것이다. 그리고 그 법률에 따라 행동하면 세상으로부터 동감(칭찬·찬동)을 얻을 수 있는 올바른 행동을 할 수 있다. 이렇게 인간이 선악의 판단기준을 손에 넣을 수 있었다고 해서 해결이 되면 좋았겠지만 이야기는 더욱 복잡해질 뿐이다. 스미스는 여기서 다시 중요한 지적을 한다.

자신의 내면에 재판관을 만들어도 세상의 평가는 여전히 받아들이고 있다는 것과 세상의 평가는 간혹 '내면의 재판관'의 판결과 일치하지 않을 수도 있다는 지적이다.

자신의 내면에 올바른 판단을 흡수해 규칙화하더라도 현실 사회에서는 잇따라 다양한 사람이 다양한 평가를 한다. 예를 들어 "다른 사람에게 평가 받고 싶지 않아"라든가 "변덕스러운 세상으로부터는 아무 말도 듣고 싶지 않아"라고 생각해도 세상은 계속해서 우리를 평가한다.

내면의 재판관은 늘 본질적으로 올바른 판단을 내리지만 세상으로부터는 표면적인 평가나 잘못된 평가를 받을 때도 있다. 즉,

자신의 행동에 대한 판단과 평가가 두 종류로 나뉘는 경우가 생긴 다는 것이다. 그리고 그때 어느 쪽의 평가를 중시할지가 '올바른 사람'과 '그릇된 사람'의 차이를 만들어내는 것이다.

인간은 세상의 동조를 얻고 싶어 한다. 이 "세상의 동감을 얻고 싶다"라고 생각하는 마음은 인류가 가진 공통된 최대의 바람이다. 그런데 세상은 때로 변덕스럽고 본질적이지 않은 평가를 한다. 아 무리 세상으로부터 인정받고 싶다고 해도 그런 세상의 변덕에 휘 둘려서는 의미가 없다. 그렇기 때문에 인간은 자신의 내면에 재판 관을 만들고 그 판단에 따라 행동하려고 노력하는 것이다. 다만 그 결과 인간은 '내면의 재판관'과 '사회(주위 사람)'라는 두 가지 기준으로 행동을 평가받게 된다. 이때 재판관의 평가와 사회의 평 가가 같은 경우도 있고 다른 경우도 있다. 양쪽으로부터 같은 평 가가 내려지면 망설일 필요가 없다. 그 평가가 옳거나, 틀렸든 평 가 자체는 정당한 것으로 받아들일 수밖에 없다.

하지만 둘의 평가가 다를 때 어느 쪽의 결단에 따를지가 사람에 따라 나뉘는 것이다. 자신이 납득하는 쪽의 판단을 받아들이면 되 는가? 여기서 우리가 주의해야 할 점은 자신의 내면에 만들어낸 재판관이 내린 평가는 본질에 기초하고 있는 반면, 세상의 평가는 변덕도 포함하고 있을 가능성이 있다는 것이다.

여기서 중요한 단어가 나오는데 바로 '현명한 사람'과 '경박한 사람'이다. 이 말은 스미스의 인간관으로 '올바른 사람'과 '그릇된 사람'을 구별하는 말이다.

올바른 사람과 그릇된 사람, 현명한 사람과 경박한 사람

스미스는 내면의 재판관의 평가를 중시하는 사람을 '현명한 사람', 사회의 평가를 중시하는 사람은 '경박한 사람'이라고 생각했다. 현명한 사람은 세상의 변덕스러운 평가보다도 보편적인 사회 상식을 기준으로 선악을 판단한다. 반면 경박한 사람은 내면에 판단기준을 갖고 있음에도 불구하고 그것보다 즉흥적인 세상의 평판을 의식한다.

예를 들어 이런 것이다. 현명한 사람과 경박한 사람이 야구 시합을 한다고 가정해보자. 이 시합에서 두 사람 모두 홈런을 쳤다. 그런데 사실은 둘 다 의도한 홈런이 아니라 어쩌다 방망이를 휘둘렀더니 홈런이 되었을 뿐이다.

주위 사람들은 그런 사정을 모르기 때문에 홈런이라는 결과만 보고 칭찬할 것이다. 하지만 사실 자신이 친 홈런은 우연일 뿐 칭찬받을 만한 것이 아니라는 것은 본인이 가장 잘 알고 있다. 현명한 사람도 경박한 사람도 그것을 알고 있다. 이때 세상의 칭찬에 대해 어떻게 생각하는지에 대해 현명한 사람과 경박한 사람의 차이가 드러난다.

현명한 사람은 "세상의 칭찬은 타당하지 않다"고 깨달으면 "아닙니다. 사실은 운이 좋았을 뿐입니다. 별 것 아닙니다."라고 칭찬을 사양한다. 하지만 경박한 사람은 "세상이 칭찬해주니까 그냥 기뻐하자"라고 받아들여 버린다. 자기 스스로는 칭찬받을 만한 일이 아니라는 것을 알고 있으면서도 사정을 잘 모르는 세상의 평가에 편승하는 것이다.

현명한 사람과 경박한 사람이라는 말에서도 알 수 있듯이 스미스는 현명한 사람을 '올바른 사람'이라고 생각하는 한편 경박한 사람을 경멸했다. 매우 심한 말로 이 '경박한 행위'를 비난했다.

의역

자신이 의도하지 않은 일로 칭찬 받고 기뻐하는 것은 약하고 경박한 사람이다.

원문

인간들 중에서 가장 약하고 가장 천박한 자들만이 자신들이 전혀 칭찬받을 만한 일을 하지 않았음을 알고 있으면서도 칭찬에 의해 크게 기뻐할 수 있다.

— 도덕 감정론에서

이쯤에서 이치로 선수에 얽힌 에피소드를 하나 소개하겠다. 〈일류의 사고법〉이라는 책에 이치로 선수가 자신의 행동을 어떻게 평가하고 있는지에 대해 무척 흥미로운 에피소드가 적혀 있다. '현명한 사람'의 사고방식에 대해 잘 알 수 있는 사례이므로 살펴보도록 하자.

1992년 프로야구에 입단한 이치로가 중견선수로서 맞이한 8번째 시즌이었다. 1994년부터 5년 연속으로 수위타자라는 위업을 달성해내고 있던 이치로는 이날도 마찬가지로 타석에 섰다. 9회, 투수는 올해부터 마무리 투수로 전향한 니시자키 유키히로였다. 볼을 쉽게 파악한 이치로는 3루수와 유격수 사이를 날아가는 볼을 때리고 달리기 시작했다. 하지만 결과는 힘없는 세컨드 땅볼이었다. 그럼에도 불구하고 1루를 빠져 나간 이치로는 지금까지 없던 감각을 느끼고 씩 미소를 띠웠다. 안타를 치지 못한 것은 일반적으로 실패에 해당한다. 그리고 이때 객석과 벤치 모두 크게 실망했다고 한다. 하지만 이치로는 반대로 미소를 띠웠던 것이다. 왜일까? 그는 그 이유를 이렇게 말했다.

"꽤 높은 확률로 안타가 될 볼이었다. 그렇지만 현실에서는 단순한 세컨드 땅볼이 되었다."

이치로는 이 타석을 통해 오랫동안 납득이 되지 않았던 타격자세의 과제를 해결할 방법을 발견했다고 한다. 그래서 미소를 띠웠던 것이다. 결과만 놓고 보면 이 타석은 틀림없이 범타이다. 그리고 일반적으로 범타로는 칭찬받을 수 없다. 하지만 이치로는 이 타석으로 자신의 문제를 해결할 수 있었고 앞으로의 시합에 큰 영향을 줄 수 있는 실마리를 발견했다. 이치로가 과제를 해결한 것은 본인에게 좋은 일임은 말할 것도 없고 팬과 팀 선수들에게도 상당히 큰 이득이다. 안타를 한 번 친 것보다 나중으로 이어지는 과제해결 쪽이 훨씬 가치 있는 일이다. 즉, 표면적으로는 범타였지만 본질을 생각하면 이 타석은 대성공이었던 것이다. 그렇기 때문에 눈에 보이는 결과만으로 판단한 평가와는 반대로 이치로 본인은 이 타석에 만족했던 것이다.

스미스는 18세기에 이 에피소드와 같은 것을 지적했다.

의역

설령 주위의 칭찬은 얻지 못해도 자신의 마음속으로 칭찬받을만한 것이라고 믿을 수 있다면 그것만으로 만족할 수 있다.

원문

실제로 어떤 칭찬도 우리에게 주어지지 않았지만, 우리의 행동을 반성해 볼 때, 우리의 행위가 칭찬받을 만했고, 자연스럽고 일상적으로 칭찬과 인정이 부여되는 척도와 준칙에 우리의 행위가 모든 점에서 적합했다고 생각된다면, 그것은 종종 우리에게 진정한 평온을 준다.

— 도덕 감정론에서

이것이 현명한 사람의 사고방식이다.

스미스가 말하고 싶은 것은 단지 사람에 따라 판단기준이 다르다는 것만이 아니다. 스미스가 현명한 사람과 경박한 사람이라고 구별해서 말하고 있는 것에서도 알 수 있듯이 그는 세상의 표면적인 평가를 중시하는 경박한 사람을 명백히 무시하고 있다.

올바른 사람이 되고 올바른 판단을 하기 위해서는 자신의 내면에 만들어낸 재판관의 판단에 따라야 한다. 그것이 스미스의 주장이었다. 같은 과정을 밟아도 다른 결과가 나오는 경우가 있다. 또한 노력을 해도 결과가 나오지 않는 경우도 있는 반면에 노력하지 않아도 우연히 좋은 결과가 나오는 경우도 있다. 무슨 일이든 마찬가지이다. 결과가 좋고 나쁜 것은 우연에 좌우된다. 그 우연에 야기된 결과 즉, 우연히 그렇게 된 결과를 스미스는 '불규칙한 결과'라고 말했다.

물론 결과는 중요하다. 하지만 좋은 결과가 나왔다고 해도 그것이 우연의 결과였다면 칭찬받을 만한 것이 아니다. 눈을 감고 배트를 휘둘러 홈런이 되었다고 해도 스스로 "좋아, 나는 참 잘했어"라고 생각해서는 안 된다.

반면 의도한대로 완벽한 타이밍에 볼을 잡아 홈런이 될 것 같았던 타구가 돌풍에 되돌아와 센터 플라이가 되어버렸다면 어떨까? 분명 결과적으로는 아웃이지만 결코 자신을 책망할 필요는 없다. 앞서 "꽤 높은 확률로 안타가 될 볼이었다"라고 말한 이치로 선수의 이야기가 좋은 예다.

하지만 세상은 결과를 중시한다. 과정보다도 실제로 일어난 결과를 중시하고 결과에 대해 칭찬하거나 비난하는 경향이 있다.

세상이 과정보다 결과를 중시하는 이유에는 두 가지가 있다 첫 번째 이유는 주위 사람들에게는 과정이 보이지 않기 때문이다. 그들은 우리가 얼마나 준비해왔는지를 모른다. 또한 꽤 높은 확률로 안타가 될 볼이었는지 아니었는지도 판단할 수 없다. 그렇기 때문에 과정을 평가하고 싶어도 평가할 수 없는 것이다. 이것은 어떤 의미에서는 어쩔 수 없는 일이다.

두 번째 이유는 말은 그렇게 해도 결과가 중요하다는 것이다. 우리도 "지금까지 열심히 노력해왔으니까 결과는 아무래도 상관없다"라고는 생각하지 않는다. 어떤 목적을 가지고 행동했기 때문에 그 결과가 실현된 것과 실현되지 않은 것은 당연히 평가가 다르다. 이것도 충분히 납득할 수 있다. 그렇기 때문에 가령 주위가 지금까지의 노력을 알고 있어도 결과를 중시하는 경향이 있는 것이다.

즉, 우리 자신을 포함해 사회는 과정이 아닌 결과를 중시해서 평가를 내리는 것이다. 다만 아무리 결과가 중요하다고 해도 결과만 좋으면 나머지는 아무래도 좋은 것은 아니다. 계속해서 좋은 결과를 내기 위해서는 우연한 행운에 기뻐할 것이 아니라 과정과 준비에 더욱 노력해야 한다.

스미스는 "적정한 동기가 있고 적정하게 행동해 적정한 결과가 나온 것은 칭찬할 만하다"고 했다. 결과를 내려는 의식이 있고 결과를 내기 위해 행동하고 실제로 결과가 나온 것만을 칭찬할 만하다고 생각한 것이다. 즉, 우연한 결과는 칭찬할 만한 것이 아니며 의도나 결과에 이르는 행동을 수반하지 않으면 '선'이라고 할 수 없다고 생각했다.

여기서 문제가 되는 것은 확실히 준비하고 의도한 행동이 결과로 이어지지 않았을 때와 아무 준비도 하지 않아서 실패하는 것이 당연하지만 우연히 좋은 결과가 나왔을 때의 경우이다. 이 두 가지 패턴에서 '세상'과 '내면의 재판관'의 평가가 달라진다. 양자로부터 다른 평가를 받았을 때 어떤 반응을 보일지는 사람에 따라 다르다. 그리고 그것이 '올바른 사람'과 '그릇된 사람'을 나누는 것이다.

여기서 다시 '현명한 사람'과 '경박한 사람'의 이야기가 등장한다. 현명한 사람은 내면의 재판관의 판단을 중시한다. 자신이 제대로 된 과정을 밟고 있다면 설령 결과가 좋지 않더라도 신경 쓰지 않는다. 그리고 "우연히 결과가 나빴지만 난 잘 했어"라고 자신을 평가한다.

한편 경박한 사람은 세상의 평가가 신경 쓰여서 견딜 수 없다. 그래서 과정이 어떻든 세상으로부터 인정받는 결과가 나오는 것에만 주목한다. 결과를 중시하는 것이 나쁜 것은 아니다. 결과를 고집해서 "무슨 일이 있어도 결과를 내겠어!"라는 의식은 중요하다. 그런 사람은 분명 준비도 꼼꼼히 하고 있을 것이다. 꼼꼼히 준비를 한 다음 더욱 결과를 고집하는 것은 문제가 되지 않는다. 스미스가 말하고 있는 것은 우연히 성공했을 때 그걸로 만족해서는 안 된다는 것이다.

경박한 사람은 사실은 대단한 일이 아니라는 것을 알고 있어도 세상에게 칭찬받으면 기뻐한다. 자기 스스로는 알맹이가 없는 성공이라는 것을 알고 있어도 세상이 박수쳐주면 그냥 기뻐하고 자신의 행동이 옳다고 느껴버리는 것이다.

정말이지 꼴사납고 한심한 사고방식이 아닌가?

주위 사람들이 칭찬해줄 때 그것을 솔직하게 기뻐하는 것도 분명 중요한 일이다. 하지만 '도덕관'이라는 테마에서 생각해 보면 그렇게 말할 수 없게 된다.

여기서 '악덕의 근원'이라는 표현이 있는데 이것은 처벌해야 마
땅한 악행이라는 의미가 아니다. 여기에서는 미덕의 정반대라는
의미로 도덕규범에 어긋나는 것이라고 해석해야 한다. 즉, 이처럼
경박한 사람은 도덕관을 갖고 있지 않다고 스미스는 맹렬하게 비
판한 것이다.

경박한 사람은 왜 도덕관을 갖고 있지 않는 걸까? 그것은 내면
의 재판관의 판단을 경시(무시)하기 때문이다.

어떤 행동에 대해 내면의 재판관이 "너는 틀렸어"라고 판단했

다고 가정해보자. 즉, 스스로 틀렸다고 인식하고 있는 것이다. 그런데 그 악행이 세상에 들키지 않았을 때, 세상의 평가를 중시하는 경박한 사람은 "세상에 들키지 않았으니까 이대로 없던 일로 해버리자"라고 생각해버리는 것이다. 나쁜 일을 해도 "들키지 않으면 괜찮다"라고 우기는 것은 '경박한 행위'이다. 경박한 사람은 표면적인 칭찬에 기뻐하고 나쁜 일이라도 들키지만 않으면 문제없다고 생각해버린다.

이것은 윤리관이나 도덕관을 형성하는 데 있어 치명적이다. 세상의 표면적인 평가에 조종당해서는 안 되는 것이다.

도덕규범을 익힌다고 해서 '올바른 사람'이나 '현명한 사람'이 될 수 있는 것은 아니다. 그 규범에 따를지 따르지 않을지 결국 자신의 재량에 맡겨져 있기 때문에 올바른 행동을 한다고는 할 수 없다. 하지만 그래서는 의미가 없다. 선악을 판단할 수는 있지만 나쁘다는 것을 알면서 도덕에 위배된다면 아무 의미가 없는 것이다. 그렇다면 해결방법은 없는 것일까? 스미스는 이 문제에 대해 어떻게 생각했을까? 결국 자기 자신에게 맡길 수밖에 없다고 체념하고 있었을까? 그 대답은 〈도덕 감정론〉 속에 있다.

거듭 강조하지만 인간은 사회 속에서 주위로부터 인정을 받고 싶어 하기 때문에(동감을 얻고 싶은 탓에) 스스로 내면에 재판관을 만들어낸다. 그 의견에 따름으로써 세상의 찬사를 받을 수 있는 행동을 하려고 하는 것이다. 이 재판관이 자신의 행동의 시비를 판단하고 그 재판관에 따름으로써 세상으로부터 인정받을 수 있는 '올바른 행동'을 할 수 있는 것이다. 그러나 한편으로 다른 사람의 평가에 너무 신경을 쓴 나머지 그 재판관의 목소리를 무시하려고 하는 나약함도 지니고 있다. 그렇다면 인간은 두 종류의 부류가 있다는 말인가?

바로 여기가 중요한 부분이다. 스미스는 인간은 때와 상황에 따라 현명한 사람이 될 수도 있고 경박한 사람이 될 수도 있다고 생각했다. 인간은 누구나 나약함을 지닌 생물이다. 즉, 인간은 도덕관이나 윤리를 가지고 있으면서도 늘 거기에서 어긋날 위험성을 지닌 동물인 것이다. 그것이 인간인 것이다. 그렇다고 해서 "그러니까 어쩔 수 없다거나 인간은 현명한 사람도 경박한 사람도 될 수 있는 양면성을 가진 생물이다"라고 결론지어서는 안 된다. 선악을 판단할 수는 있지만 나쁘다는 것을 알면서도 도덕을 위반한다면 아무 의미가 없는 것과 다름이 없다.

따라서 스미스는 "인간이 계속 현명한 사람으로 남아있기 위해서는 갖춰야 할 의식과 감각이 있다"라는 자신만의 답을 내렸다. 그 의식과 감각이 있기 때문에 사람은 올바르게 행동하려고 하고 현명한 사람(올바른 사람)이 되려고 하는 것이다. 이 중요한 감각을 스미스는 '의무감'이라고 불렀다.

이 의무감에 따라 그 사람이 현명한 사람이 될지 경박한 사람이 될지가 결정된다고 해도 과언이 아니다.

의무감으로 자신을 통제한다

자신의 내면에 만든 재판관의 의견에 따라야 한다고 생각하는 감정이 '의무감'이다. 인간은 누구나 자신의 내면에 신뢰할 수 있는 판단기준을 가지고 있다. 물론 그것을 따르지 않을 수도 있다. 하지만 "따라야 한다!"는 의식이 작용하고 나서 처음으로 행동이 수반되는 것이다. 그렇다면 자신이 애써 만들어낸 판단기준을 왜 따르지 않는 것인가?

그것은 내면의 재판관에게 받은 판결과는 별도로 세상의 평가를 계속해서 받고 있기 때문이다. 내면의 판결과 세상의 평가는 생각하기에 따라서는 어느 쪽이든 정의가 될 수 있다. 그래서 어느 쪽을 따라도 괜찮기 때문에 어느 쪽을 중시할지는 그 사람 하기 나름이다.

세상의 평가를 중시하고 내면의 재판관의 목소리를 무시하면 "우연히 잘 된 것이지만 세상으로부터 칭찬을 받았으니까 그걸로 됐어" 또는 "무슨 짓을 해도 세상에 들키지만 않으면 괜찮아"라고 생각하게 된다. 하지만 그것은 본질이 아니다. 우리는 내면의 재판관의 소리에 귀를 기울여야 한다. 그리고 내면의 재판관에 따라야 한다는 생각을 하게 하는 것이 바로 의무감인 것이다.

스미스는 이 의무감이야말로 인간사회를 성립시키는 중요한 요소라고 말했다. 만약 공정한 관찰자를 존중하고 중시하는 마음이 사라지면 인간사회는 사라져버릴 것이라고 생각했다. 그만큼 의무감이라는 것은 중대한 의식이다.

이것은 결국 "안이하게 흘러가서는 안 된다"라는 감각을 가져야 한다는 것이다. 하지만 여기에도 큰 문제는 남아 있었다. 이 의무감을 갖거나, 갖지 않을지라도 결국은 자기하기 나름인 것이다. 의무감을 가지면 "올바른 행동을 하자", "현명한 사람이 되자"라고 생각하게 된다. 하지만 애당초 의무감'을 갖게 하는 강제력은 없다. 여기서 우리는 인간의 힘의 한계를 느끼지 않을 수 없다.

인간은 누구나 마음속에 재판관을 갖고 일반원칙이라는 법률을 만들어낸다. 이것은 누구나 저절로 행하는 자동적인 작업으로 우리는 무의식중에 여기까지는 행하고 있다.

그리고 동시에 누구에게나 '약한 부분'과 '현명한(강한) 부분'이 있다. 즉, "일반 원칙에 따라야 한다!"고 격려하는 천사와 "들키지 않으면 뭘 해도 괜찮다!"라고 속삭이는 악마가 우리 안에 동시에 존재하고 있다. 이것도 누구나 처하게 되는 자연스러운 상태다. 결국 여기까지의 과정은 모든 사람이 같다. 결국 이 천사와 악마

중 어느 쪽이 이기는지에 따라 그 사람의 행동이 달라진다. 마지막에 천사가 하는 말을 듣기로 결정하는 것은 자기하기 나름이다. 결국 자기하기 나름이라면 올바른 기준에 따를 자신이 없는 사람이 많지 않을까? 다들 그렇게 느낄 것이고 나 역시 그렇게 생각한다. 그리고 스미스도 그렇게 생각했다.

인간에게 "의무감에 따라야 한다." "그것에 따르는 것이 절대적인 선이다"라고 생각하게 하는 것은 종교밖에 없다. 그것이 스미스의 생각이었다. 그는 인간이 자신의 의지로 제어할 수 없는 상황에 도달하면 신을 향한 신앙심을 가짐으로써 의무감을 가질 수 있다고 생각했다.

즉, 종교적인 마음, 신에 대한 신앙심을 가짐으로써 유혹에 지지 않고 올바른 판단을 하게 되는 것이다. 이런 점 때문에 스미스는 종교적인 마음을 중시했다. 현대인에게는 쉽게 납득하기 어려운 논리일 것이다. 하지만 스미스는 "종교는 미덕을 실행하기 위해 매우 강력한 동기를 부여한다." "악덕의 유혹에 빠지지 않도록 우리를 지켜준다." "종교는 저절로 의무감을 강화한다"고 생각했다.

결국 신을 향한 인간의 신앙심이 올바른 행동을 하게 하는 강제력을 갖는 것이다. 그리고 인간이 올바른 행동을 함으로써 사회의 질서가 유지되는 것이다.

만약 인간이 종교적인 마음을 갖지 않으면 경박한 행동을 하기 때문에 사회의 도덕은 사라질 것이다. 다시 말해 인간이 신을 향한 신앙을 갖는 것이 사회를 통합하고, 신의 존재가 이 사회를 잘 지켜주고 있는 것이다.

이 책의 앞부분에서 '보이지 않는 손'의 주인은 신이라고 했다. 스미스는 '보이지 않는 손'이라고만 말했다. '신의'라는 표현은 사용하지 않았다. 하지만 인간사회가 질서를 유지하고 있는 것은 신이라는 존재가 있기 때문이다. 신을 믿음으로써 인간사회가 저절로 기능해가는 것이다. 따라서 '신의 보이지 않는 손'인 것이다.

그리고 스미스는 이 의무감에 의해 통제되어야 할 것 중에 '이기심'과 '자애심'이 포함된다고 생각했다. 요컨대 "분명 이기심이나 자기애는 중요하다. 하지만 그런 감정도 세상의 동감을 얻을 수 있도록 의무감에 의해 통제되어야 한다"라고 생각했던 것이다.

이것은 스미스의 경제학(그의 진의)을 이해하는 데 매우 중요하다. 일반적으로 스미스가 〈국부론〉에서 "이기심에 따라 각자가 알아서 경제행위를 하는 편이 좋다!"라는 주장을 했다고 여겨지고 있지만 사실은 그렇지 않다.

분명 자유로운 경제활동을 강조하고 있지만 그것은 어디까지나 의무감으로 통제한 다음이다. 스미스는 "알아서 뭐든지 해도 좋다"는 말은 한 마디도 하지 않았다. 반대로 "전체의 이익을 저해하는 듯한 개인의 이익추구는 규제되어야 한다"고 분명하게 말했

다. 또한 "사회에 미치는 영향이 큰 분야는 규제의 대상으로 삼아
엄중히 관리해야 한다"라는 주장도 했다.

의역
사회전체를 위험에 처하게 하는 듯한 개인의 행동은 정부에 의해
금지 또는 억제되어야 한다.

원문
사회 전체의 안전을 위협할 가능성이 있는 소수 사람들의 자연스
러운 자유의 행사는 가장 자유로운 정부나 가장 전제적인 정부나
마찬가지로 모든 정부의 법률에 의해 억제되고 있고 또 그렇게
되어야 한다.

― 국부론에서

　분명 인간에게는 약한 면이 있다. 그리고 실제로 그 약함에 굴복
하고 쉬운 길로 흘러가버리는 사람도 있다. 하지만 그런다고 해서
행복한 인생을 살 수 있는 것은 아니다. 스미스는 안이한 방향으
로 흘러간 사람은 행복을 얻지 못한다고 생각했다. "사실 그렇게
대단한 것도 아닌데 세상이 평가해주니까 그걸로 됐어." "사실 나
쁜 짓을 저질렀는데 세상이 눈치 채지 못했으니까 그냥 내버려두
자."

이런 식으로 얼버무리려고 해도 자신은 그것이 거짓이라는 것을 알고 있다. 자기 자신을 속이는 것은 불가능하다. 그리고 내면의 재판관은 내 행동은 잘못되었다고 항상 스스로를 몰아붙인다.

스미스는 자신의 마음에 등을 돌린 사람은 그 후로 계속 양심의 가책에 시달리게 된다고 말했다. 그 결과 침착하게 있지 못하거나 '마음의 평정'을 얻을 수 없게 되는 것이다.

마음의 평정이라는 말은 아주 중요하다. 의무감을 굳게 갖고 내면의 재판관에 따라 살면 그 보상으로 마음의 평정을 얻을 수 있다. 이것이야말로 스미스가 가장 말하고 싶어 했던 것이다. 또한 마음의 평정은 스미스의 논리의 결론에 관련된 중요한 말이다. 이 책에서도 마지막까지 마음의 평정이 관계된다.

의무감을 가지고 내면의 재판관에 따라 행동하는 것은 안이한 세상으로부터의 평가를 거부한다는 것이다. 당연히 그만큼 칭찬받을 기회는 줄어든다. 인간은 누구나 "다른 사람에게 인정받고 싶다"거나 "다른 사람의 칭찬을 받고 싶다"고 느끼기 때문에 그 기회가 줄어드는 것을 고통스럽게 느낄 것이다. 마찬가지로 자신의 죄를 자진해서 고백하고 세상의 비난을 받는 것은 쉬운 일이 아니다.

하지만 그렇다고 해서 부당한 칭찬에 정신을 못 차리거나, "들키지 않으면 괜찮아"라는 마음가짐으로 사는 것은 옳은 것이 아니

다. 자신의 마음에 따라 살면 '나는 틀리지 않아', '옳은 일을 했어'
라고 마음속 깊은 곳에서 느낄 수 있을 것이다. 그럼으로써 마음
의 평정을 얻는다. 스미스는 〈도덕 감정론〉에서 이렇게 말했다.

의역

내면의 재판관을 등지면 반드시 자기비난에 시달리게 된다. 반대
로 그것에 따라 행동하면 충족감을 얻을 수 있다.

원문

신이 우리의 내면에 세워놓은 대리인은 이 도덕준칙을 위반한 자
를 내적 수치심과 자책의 고통으로써 처벌하지 않고 내버려 두는
일은 결코 없다. 그리고 이와는 반대로 도덕준칙을 준수하는 자
에 대해서는 항상 마음의 평정과 만족, 그리고 자기만족으로써
보상해준다.

— 도덕 감정론에서

왜 그렇게까지 마음의 평정에 집착하는 것인가?

그것은 마음의 평정이 스미스가 생각하는 인간의 행복과 밀접
하게 연관되어 있기 때문이다.

마음의 평정은 도덕관과 윤리관을 이해하는 데 꼭 필요한 요소
이다. 인간이 도덕적으로 행동하는 것은 최종적으로 "마음의 평안

을 얻기 위해서다"라고도 파악할 수 있기 때문이다. 자신이 도덕적으로 행동하는 것의 최종 결말은 "주위 사람들에게 겸손해질 수 있다", "존경받는 사람이 된다"기보다 '내가 행복하게 살 수 있다'는 것이다.

그렇다면 그것은 무슨 뜻일까? 이 부분을 이해하기 위해서는 마음의 평정에 대한 스미스의 생각을 깊이 탐구해야 한다. 다만 이 마음의 평정과 인간의 행복감의 관계성을 찾기 전에 스미스의 '경제관'을 살펴볼 필요가 있다. 무엇이 경제를 발전시키는 것일까? 왜 경제발전이 필요한 것일까?

현대 사회에 보내는 메시지

앞서 종교나 신을 향한 신앙심이 '의무감'을 강화시켜 사람들에게 올바른 행동을 촉구한다는 이야기를 했다. 하지만 지금 당장 신을 믿으라고 해도 현대인들은 좀처럼 쉽게 받아들이지 않을 것이다. 지금까지 종교가 없던 사람들이 갑자기 "신앙을 가져라"는 말을 들어도 따르기 어려운 것은 당연하다. 그렇다면 현대인의 도덕관은 강화될 수 없는 걸까? 그렇지 않다. 종교를 대신하는 것을 가짐으로써 도덕관을 강화할 수 있다.

스미스가 말하는 종교는 "인간이 마음속 깊은 곳에서부터 중요하게 여기는 것"으로 치환할 수 있다. 따라서 반드시 종교나 신을 향한 신앙심이 아니어도 된다. 마음속 깊은 곳에서부터 중요하게 여기는 것이 있으면 그 중요하게 여기는 것에 위배되지 않도록 올바른 행동을 해야 한다는 의식은 강해질 것이다.

예를 들어 거리에서 자신의 아이를 마음속 깊이 사랑하는 사람을 봤다고 가정해보자. 그 사람에 대해서 전혀 알지 못해도 "나쁜 사람은 아니다"고 생각하지 않을까?

아이가 태어나고 행동이 180도 달라지는 사람이 있다. 그동안 비교적 느슨한 판단으로 자신이 편한대로 살아온 사람이라도 아이라는 소중한 존재가 생김으로써 "앞으로는 올바르게 살아야지"

라고 의무감이 강화되는 것이다.

혹은 신세를 진 은사의 가르침을 평생 동안 소중하게 지키고 있는 사람도 있다. 은사는 신이 아니다. 하지만 이 사람은 은사에게 얼굴을 들 수 없는 수치스러운 행동은 평생 하지 않을 것이다. 마음속에 소중한 것을 갖고 있는 사람은 그 사람을 슬프게 하지 않도록, 그 사람의 가르침에 위배되지 않도록 자신의 감정이나 행동을 통제하는 것이다.

일전에 요시다 슈이치의 소설 〈악인〉이 영화화 된 것을 본 적이 있다. 젊은 여성이 악인인 주인공에게 살해된다는 이야기인데, 극중 딸을 살해당한 아버지가 한 말이 오래도록 가슴에 남았다.

"자네, 소중한 사람은 있나?"
"그 사람이 행복한 모습을 상상하는 것만으로 자기 자신까지 행복해지는 사람."
'요즘 세상엔 소중한 사람이 없는 인간이 너무 많아. 소중한 사람이 없는 인간은 뭐든 할 수 있다고 믿어버리지. 자기에겐 잃을 게 없으니까 자기가 강하다고 착각하거든. 잃을 게 없으면 갖고 싶은 것도 없어. 그래서 자기 자신이 여유 있는 인간이라고 착각하고 무언가를 잃거나 욕심내거나 한편으로 기뻐하고 한편으로는 걱정하는 인간을 바보 취급하는 눈으로 바라보지. 안 그런가? 실은 그래선 안 되는데 말이야."

— 악인에서

　이것은 범인에게 한 말이 아니다. 이 사건이 일어난 원인을 제공한 다른 인물을 향해 한 말이다. 자신의 행동이 계기가 되어 사람이 죽었음에도 불구하고 자신이 직접 범행에 관계된 것이 아니라는 이유로 전혀 죄책감을 갖지 않았던 남자, 그런 몹시 경박한 남자를 향해 (죽은 여자의) 아버지가 한 말이었다.

　자신의 내면에 마음속 깊이 소중한 것을 갖고 있으면 경솔한 행동은 할 수 없다. 정말로 지키고 싶은 것, 양보할 수 없는 것을 가지고 있는 사람은 세상의 표면적인 평가에 들뜨는 일이 없다. 하물며 "들키지 않으면 돼"라는 경솔한 판단은 하지 않는 것이다. "실패하면 안 돼", "결코 잘못해서는 안 돼"라는 것이 아니다. 내면의 도덕규범을 위반하는 시시한 일을 하지 말라는 뜻이다.

　유혹에 굴복하고 경박한 판단을 할 것 같을 때는 상대의 얼굴을 떠올리고 "그 사람이 이 일을 알면 어떻게 생각할까?"라고 스스로에게 질문하자. 그렇게 함으로써 우리는 의무감을 강하게 다지면서 바르게 살아가야 할 것이다.

3 국부론

── 무엇이 경제를 발전시키는가

가장 중요한 것은 생명,
다음으로 중요한 것은 재산

가장 신성한 정의의 법, 즉 그것을 위반했을 때 가장 강한 보복과 처벌
이 요구되는 법은, 우리 이웃의 생명과 신체를 보호하는 법이다. 그 다
음은 그의 재산과 소유권을 보호하는 법이고, 마지막으로 소위 개인적
권리, 바꾸어 말하면 다른 사람과의 약속으로부터 그가 기대하는 것을
보호하는 법이다.

── 도덕 감정론에서

여기서부터 〈국부론〉의 세계를 만나보겠다. 〈국부론〉은 스미스의 대표적 저서이다. 스미스의 경제학적 사고방식이 이 책에 잘 정리되어 있다. 경제학의 아버지라고 불리는 애덤 스미스가 생각했던 경제학이론이란 어떤 것이었을까? 또 그 경제학의 목적은 무엇이었을까?

현대 경제학은 그래프와 수식이 많이 쓰이기 때문에 과학에 가까운 인상을 준다. 애매함이나 주관적인 주장보다 숫자처럼 일목요연한 이론이 전개되고 있다. 하지만 한편으로는 무엇을 위해 경제학이 있고 또 무엇을 하려고 하는가? 라는 개념이 누락되어버린 듯하다.

경제학의 아버지라고 불리는 스미스이지만 그 이론은 놀랄 만큼 단순하다. 그런 반면, 왜 경제학이 필요한가? 경제학을 이용해 무엇을 하고 싶은가? 라는 철학에는 그의 강렬한 열정이 느껴진다. 스미스의 경제학을 설명하는 데 중요한 것은 "경제가 어떻게 성립되고 있는가?"라는 이론적인 분석과 "경제는 이래야 한다"는 경제철학으로 나눠서 생각하는 것이다. 일반적으로 전자인 이론적인 분석을 경제학으로 파악하는 경우가 많다. 하지만 후자인 '스미스의 경제철학'이야말로 경제학의 진수인 것이다.

〈국부론〉(1776년) 원제는 'An Inquiry into the Nature and Causes of the Wealth of Nations'로, 번역하면 〈국가의 부의 성질과 원인

에 관한 고찰〉이 된다. 즉, "국민의 부란 무엇인가?", "그 부는 어디에서 오는 것인가?(어떻게 만들어낼 수 있는가?)"를 연구한 책인 것이다.

이 요점을 이해하면 스미스가 무엇을 생각하고 있었고 무엇을 위해 〈국부론〉을 썼는지 이해할 수 있다. 〈국부론〉은 다음과 같이 구성되어 있다.

제1편 : 노동의 생산성을 향상시키는 요인과 생산물이 각 계층에 분배되어 가는 자연 질서(분업, 노동의 임금, 자본의 이익, 토지의 지대 등에 대해)

제2편 : 자본이란 어떤 것인가? 어떤 식으로 축적, 이용되는가?(자본 축적, 생산적인 노동과 비생산적인 노동에 대해)

제3편 : 각국의 발전방법의 차이(자연스러운 경제발전의 순서, 현실의 역사, 유럽시장의 발전에 대해)

제4편 : 경제정책의 사고방식(중상주의, 수입규제, 수출 장려금 등에 대해)

제5편 : 국가나 공공시설이 필요로 하는 경비와 세금, 채무(세금, 재정에 대해)

스미스는 이 다섯 가지 주제를 분석함으로써 '국가의 부의 성질과 원인에 관한 고찰'이라는 최종목적을 달성하려고 했던 것이다. 그렇다면 각 테마가 어떻게 그 최종목적에 관련되고 있는지 차례 대로 살펴보자.

'부'의 정의

'무엇을 위해 경제를 분석하는가?'

스미스에게 그렇게 물어봤다면 망설이지 않고 "경제를 발전시켜 국민의 부를 늘리기 위해서"라는 대답이 돌아올 것이다. 이것은 현대 경제학에서도 공통된다. 국민의 부나 이익(부가가치)을 늘리기 위해 어떻게 하면 좋을지를 생각하는 것이 경제학이다. 그것은 스미스가 살았던 시대에도 마찬가지였다. 어떻게 하면 '국민의부'가 늘어나는가? 애초에 국민의 부란 무엇인가? 먼저 그 국민의부를 정의해야 한다. '부'가 무엇인지에 따라 그 '부'를 늘리는 방법도 달라진다.

결론부터 말하면 스미스는 부는 필수품, 편익품(편리하고 유익한제품)이라고 생각했다. 즉, 우리 소비자가 사용하는 상품(경제학 용어로 표현하면 재물이다)이 부이다.

그리고 스미스는 국민의 풍요로움은 "소비인구로 나눈 필수품과 편익품의 총량에 의해 나타낼 수 있다"고 생각했다. 즉, '1인당

의 양'으로 생각한 것이다. 현대에도 국민의 풍요로움을 '1인당 GDP'로 측정하는데 그것과 같은 맥락이다. 다만 스미스는 단순한 수치가 아니라 좀 더 직접적으로 "생활에서 사용하는 상품(재물)이 풍요로움이다"고 생각했다.

"실제로 국민이 사용하는 물건이 '부'이다"라고 한 것은 아주 중요한 의미를 갖는다.

지금은 '물건은 부', '물건은 풍요로움'라고 해도 이해할 수 있다. 어쩌면 그것이 당연하다고 느낄지도 모른다. 하지만 스미스가 살았던 시대에 이 사고방식은 결코 당연하지 않았다. 스미스가 살았던 시대에는 국가의 경제번영을 위해 '중상주의(重商主義)'라는 정책이 도입되었다. '중상(重商)'이라는 단어를 보고 "상업을 중시하는 정책이다." "활기가 있는 나라를 지향했다"라고 생각할 수도 있다. 하지만 그렇지 않다. 중상주의란 쉽게 말해 자국 내에 금이나 은 등의 귀금속을 모으는 것을 목표로 한 무역정책이었다. 즉, 귀금속을 국내로 들여오는 것이 경제정책의 주목적이었다.

하지만 당연한 이야기지만 귀금속을 대량으로 갖고 있어도 굶주림을 막을 수는 없다. 생활이 편리해지지도 않는다. 금·은을 바라보면서 우아한 기분에 잠길 수는 있지만 실생활에는 아무런 도움도 되지 않는다.

스미스는 "이 정책으로 국민은 풍족해지지 않는다." "국민의 풍요로움이 희생되고 있다"고 생각했기 때문에 중상주의를 비판했다. 많은 페이지가 중상주의 비판에 할애되어 있는 탓에 스미스가 〈국부론〉을 쓴 목적이 중상주의를 비판하기 위해라고 해석되는 경우도 있을 정도다.

하지만 〈국부론〉의 목적은 어디까지나 "국민의 부란 무엇인가?" "그 부는 어디에서 오는 것인가?(어떻게 만들어낼 수 있는가?)다." 나라를 풍요롭게 하고 국민의 생활을 개선하는 방법을 설명하는 것이다. 지론을 전개하기 위해 먼저 당시의 상식을 뒤집어엎어야만 했다. 그 때문에 많은 페이지를 할애해 중상주의 비판이 전개되고 있지만, 〈국부론〉의 목적은 어디까지나 비판이 아닌 '국민의 생활개선'이었다는 것을 잊지 말아야 한다.

중상주의

중상주의란 스미스가 살았던 시대에 중시되었던 경제정책 중 하나이다. 프랑스에서는 당시 재무총감(현 재무부 장관)이었던 장바티스트 콜베르의 이름을 따서 '콜베르 주의'라고도 불렀다.

이름 때문에 상업을 중시한 자유거래의 정책이라고 생각될지도 모르지만 전혀 반대 의미의 정책이다. 중상주의는 외국에서 국내로 귀금속을 모아 부자가 되기 위한 정책이다.

그 때문에 "더 많이 팔아서 금·은을 더 많이 모으라"고 외국으로의 수출을 장려했다. 한편 수입은 극도로 제한되었다. 왜냐하면 물건을 수입하면 외국에 돈(금·은)을 지불해야 하기 때문이다. 수입품에는 높은 관세가 부과되거나 애당초 수입 자체를 금지했다. 그렇게 해서 국내에 돈을 모으려고 한 것이다. 그러면 국가가 풍요로워 질 것이라고 생각 했다.국가가 부자가 된다는 감각을 이해하기 힘들겠지만 개인의 수지를 떠올려 보면 이해하기 쉽다.

부자가 되기 위해서는 어떻게 하면 좋을까? 구체적인 방법은 제쳐두고 대략적으로 생각해보면 "수입을 늘리고 지출을 줄이면 된다." "들어오는 돈을 늘리고 나가는 돈을 줄이면 누구나 부자가 될 수 있다." 이런 사고방식을 국가에 적용한 것이 중상주의이다. 그렇다면 중상주의는 올바른 정책이었다는 말인가?

아니, 그렇지 않다. 적어도 스미스는 '틀렸다'고 생각했다. 귀금속(돈)은 어떤 상품을 사기 위한 중개물에 지나지 않기 때문이다. 귀금속을 갖고 있어도 생활에는 거의 도움이 되지 않는다. 먹을 수도 없고 입을 수도 없다. 어쩌면 그걸로 집을 지을 수도 있을 것이다. 그러나 집짓기에는 귀금속보다 좀 더 적합한 재료가 있다. 금화와 은화는 국민의 생활에 도움이 되지 않는다. 즉, '부'가 아니다. 아무리 자국 내에 귀금속을 모아도 부는 늘어나지 않는다.

덧붙여 말하면, 사실 중상주의 정책은 국내의 부가 늘기는커녕 반대로 국내의 부를 희생으로 성립되는 정책이었다.

중상정책은 외국에 적극적으로 상품을 수출한다. 즉, 스미스가 생각하는 '부'가 점점 외국으로 빠져 나가버리는 것이다. 그와 동시에 그 상품의 국내 공급량이 줄어들기 때문에 그만큼 가격은 올라가버린다. 당시 중상주의 정책을 도입함으로써 국민이 부를 얻기 어려워지고 있었던 것이다.

여기서 주의해야 할 점은 당시의 상황을 현대의 정책과 동일하게 적용하여 생각해서는 안 된다는 것이다.

현대는 '물자과잉'의 상태가 지속되고 있다. 그리고 기업이나 경제가 성장해가기 위해서는 수출을 늘려야 한다. 그런데 스미스가 살았던 시대의 경제상황은 전혀 달랐다. 당시에는 물자과잉은커녕 필요한 물자(상품)조차 부족한 상황이었다. 물자가 부족해서 국민의 10% 이상이 생활에 필요한 물자를 손에 넣지 못하는 극빈층에 속했다. 나중에 다시 설명하겠지만 스미스는 '분업의 중요성'을 더할 나위 없이 강조했다. 왜냐하면 분업이 성립됨으로써 생산량을 늘릴 수 있기 때문이다. 스미스가 그렇게까지 생각할 만큼 당시 부의 증산은 중요한 이슈였다. 바꿔 말하면 그 정도로 물자 부족이 심각했었음을 알 수 있다.

그런 상황에서 귀중한 부(상품)를 외국에 팔아버리는 것은 정말 불합리한 일이었다. 그리고 수입에 높은 관세를 매겨 외국으로부터 '부'가 들어오는 것을 막는 것도 경제 상황에 맞지 않았다. 그렇기 때문에 스미스는 중상주의 정책을 맹렬히 반대했던 것이다.

이 중상주의 정책으로 인해 외국으로부터의 수입이 제한되었으며, 이 수입규제는 또 다른 문제를 불러일으켰다.

상품을 저렴하게 수입하면 국내 기업은 외국 기업과의 경쟁에서 이기기 위해 상품을 저렴하게 제공하려고 엄청나게 노력한다. 그런데 수입품이 비싸버리면 국내기업은 노력을 할 필요가 없어진다. 따라서 상품을 저렴하게 제공할 필요도 없어진다. 또한 관세를 이용해서 외국기업의 경쟁력을 떨어뜨리고 있기 때문에 아무 걱정 없이 국내에서 독점 상태를 유지할 수 있다. 이런 상태에서는 원래 더 싸게 살 수 있는 상품의 가격도 상승해버리는 것이다. 결국 국산품도 비싼 관세가 매겨진 수입품과 같은 수준으로까지 가격이 상승하게 되는 것이다. 현대 사회에서 기업은 서로 경쟁하며 배우고 노력하고 있다. 하지만 스미스가 살던 시대는 상황이 달랐다. 국내의 생산자들이 자신의 이익을 지키기 위해 '카르텔(기업 연합)'을 맺어 담합하고 있었던 것이다.

또한 공급량이 늘지 않도록 "제자는 동시에 2명 이상 둬서는 안된다", "마차를 만드는 직공은 그 바퀴를 스스로 제조해서는 안된다" 등의 터무니없는 규칙이 정해져 있었다. 게다가 당시 유럽에서는 제자의 수업 기간이 관습적으로 7년으로 정해져 있었다.

즉, 그 긴 수업기간을 거치지 않으면 독립해서 생산 활동을 할 수 없었던 것이다.

수입품은 높은 관세가 매겨지고 있기 때문에 국내 생산자들은 안심하고 공급량을 줄일 수 있었다. 그리고 그만큼 가격을 끌어올려 소비자의 돈을 갈취할 수 있었던 것이다.

그렇다면 중상주의는 일반 국민에게는 전혀 이점이 없는 정책이라는 것인가? 스미스가 주장했던 것이 바로 그런 것이다. 스미스는 자유경쟁을 표방하고 이기주의적인 행동을 긍정했다. 그렇기 때문에 생산자(기업) 편이었다고 생각되기 쉽다. 하지만 실제로는 그렇지 않았다. 스미스는 소비자의 이익이 제일이라고 생각한 이른바 '소비자지상주의자'였다. 그렇기 때문에 소비자가 쓸 수 없는 귀금속을 모아 소비자의 부를 줄이고 국내의 부의 가치를 끌어올리는 결과를 낳고 있는 중상주의 정책에 크게 반대했던 것이다.

케네와의 만남 ― 중농주의

게다가 중상주의에는 또 하나의 큰 폐해가 있었다. 그것은 "농촌이 피폐하는 결과를 낳는다"는 것이다. 결국 중상주의가 지속된 결과 농촌이 피폐해졌다. 그런 상황을 문제시하며 프랑스에서 '중농주의'가 등장했다. 당시 프랑스에서도 중상주의가 도입되고 있어서 그 결과 농촌이 괴멸상태에 빠져있었다. 케네도 스미스와 마찬가지로 '중상주의'에 대해 강하게 반발했기 때문에 부의 원천은 농업에 있다는 '중농주의'를 주장했던 것이다.

중상주의는 외국에 상품을 수출해서 금·은을 벌어들이는 정책이다. 즉, 외국에 상품을 많이 팔려는 정책인 것이다. 하지만 아무리 많이 수출하고 싶다고 생각해도 생각만으로 수출액은 늘지 않는다. 수출을 늘리기 위해서는 외국보다 저렴하게 상품을 생산해야 한다. 바로 여기에 문제가 있다.

상품을 보다 저렴하게 생산하기 위해서는 상품을 만드는 노동자의 임금을 줄여야 한다. 그리고 노동자의 임금을 줄이기 위해서는 노동자가 낮은 임금으로도 생활할 수 있을 만큼 물가가 저렴해야 한다. 즉, 수출을 늘리기 위한 정책으로써 물가를 낮게 규제하고 있었던 것이다.

식량을 싸게 구입할 수 있으면 분명 노동자는 낮은 급료로도 살아 갈 수 있다. 그리고 그 결과 상품의 생산 원가가 낮아져 국제 경쟁력은 높아진다. 하지만 자신들이 만든 농산물을 터무니없이 싼 값에 팔게 된 농가에게는 재난이었다. 똑같은 일을 하는데도 수입이 강제적으로 줄어 버린 것이다. 그 결과 농촌은 피폐해지고 괴멸상태에 빠졌다.

케네는 중농주의를 제창한 인물로, 농업의 중요성을 설명했다. 그는 "순생산물을 만들어내는 것은 농업뿐이다"라고 생각했다. 스미스의 이야기와 척도를 맞춰 표현하면 '부는 농산물'이라고 생각했던 것이다. 그리고 제조업이나 상업은 농업으로 만들어진 농산물(부)을 가공, 판매하는 것에 지나지 않는다고 생각했다. 이 사고방식에 의하면 부를 생산하는 유일한 공장은 농촌이다. 그리고 그 농촌이 피폐해지고 붕괴되는 상태라면 국가의 부가 늘어갈 수가 없다. 그래서 케네는 농촌의 재건을 도모하기 위해 농산물 가격을 정당하게 되돌려야 한다고 주장한 것이다.

케네는 각 작물에 대해 'ㅇㅇ의 타당한 가격은 얼마'라고 제시한 것이 아니다. 그는 자유경쟁과 자유무역을 제창했다. 자유롭게 거래되면 정당한 가격이 된다고 생각했던 것이다. 자유무역, 자유거래는 스미스가 처음으로 주장한 것 같지만 스미스에 앞서 케네도 같은 것을 주장했던 것이다.

실제로 스미스는 프랑스에서 케네와 만나서 그를 매우 흠모했다고 한다. 〈국부론〉이 출판되었을 때 케네는 이미 죽었지만 만약 살아있었다면 스미스는 케네에게 자신의 책을 바쳤을 것이라는 말도 있다.

다만 스미스는 케네의 사고방식을 전면적으로 찬성했던 것은 아니다. 케네는 농산물만이 '부'라고 생각했다. 그렇다고 하면 제조업이나 상업은 부를 만들어내지 못하는 비생산적인 노동이 되어버린다. 스미스는 그렇게는 생각하지 않았다. 스미스의 생각으로는 필수품, 편익품이 '부'이다. 제조업은 물론 제조한 상품을 유통시키는 상업도 생산적 노동이 된다. 스미스는 농업뿐만 아니라 더욱 폭 넓은 노동이 부를 만들어낸다고 생각했던 것이다. 이 점이 스승 케네와 의견이 나뉘는 부분이었다.

부를 늘리기 위해 필요한 것

케네가 "농업이야말로 부의 원천"이라고 생각했던 것에 반해 스미스는 "인간의 노동 전반이 부의 원천"이라고 생각했다. 스미스가 생각하는 국민의 부는 소비자가 사용하는 모든 상품이다. 그리고 그 상품은 인간의 노동으로 양을 늘릴 수 있다고 생각했다. 즉, "인간의 노동력으로 나라가 풍요로워진다," "부의 원천은 인간의 노동이다"라는 것이다.

모두가 일을 하면 풍요로워지는 것은 당연한 것 아닌가? 현대의 감각으로 생각하면 이것을 당연하다고 생각할 수도 있다. 하지만 중상주의의 사고방식이 널리 퍼져있던 당시에는 당연하지 않았다. 당시는 인간의 노동이 부를 만들어내는 것이 아니라 금·은 재화 그 자체가 부였다. 그렇기 때문에 중상주의의 사고 아래에서는 부를 늘린다는 것은 인간이 일한다는 것과는 관계가 없다.

현대에서도 돈을 모으는 것만을 목적으로 삼고 있는 듯한 사람이 있다. 냉정하게 생각하면 '돈은 풍요로움이 아니다'라는 것을 알 수 있지만, 풍요로움을 추구하기 위해 무턱대고 저축만 하는 사람도 실제로 존재한다. 그렇지만 역시 사람들이 귀금속을 갖고 있어도 생활할 수는 없다. '부'가 필요하다. 그리고 '부'는 인간이 생산하는 것이다.

또한 스미스는 단순하게 "일을 하면 풍요로워진다"라고 말한 것이 아니다. 어떤 일이 사회의 부를 늘리고, 또 어떻게 해야 보다 많은 부를 만들어낼 수 있을지를 이론적으로 분석했다. 부를 늘리기 위해서는 가능한 한 많은 사람이 효율적으로 물건을 생산하면 된다, 그것이 스미스의 생각이었다.

이 스미스의 생각을 자세히 살펴보자. 키워드는 '분업'과 '자본축적'이다.

스미스는 국민의 풍요로움은 국민 1인당 필수품과 편익품의 양으로 결정된다고 생각했다. 즉, 국민 1인당 확보할 수 있는 상품의 양이 많으면 많을수록 그 나라는 풍요롭다고 생각한 것이다. 따라서 국민의 풍요로움을 늘리기 위해서는 '1인당 상품량'을 늘려야 한다. 즉, 스미스는 상품의 생산량을 늘려야 한다고 생각했다. 하지만 상품을 지나치게 많이 생산하면 잉여가 생기지 않을까?

"무조건 생산하기만 하면 된다"라는 말에 위화감이 느끼는 것은 현대 사회의 '대량생산과 대량소비'를 떠올리기 때문이다. 앞에서도 설명했듯이 스미스가 살았던 시대는 물자부족의 시대였다. 아직 세상에 빈곤이 넘쳐 국민의 10% 이상이 최저생활도 할 수 없는 빈곤층이었다. 당연히 살아가기 위해 필요한 생활필수품도, 생활을 보다 편리하게 하기 위한 편익품도 부족했다. 아이를 20명 낳아도 성인이 될 수 있는 것은 겨우 2명이라고 할 만큼 물자가 부족했던 것이다.

따라서 현대 사회와 같은 대량생산과 대량소비라는 개념은 상상조차 할 수 없었다. 어쨌든 물자가 부족했기 때문에 조금이라도 더 증산해야 했다. 즉, 증산은 '선'이라고 생각되었다. 그리고 증산을 위해서 필요한 것이 '분업'과 '자본축적'이다. 스미스가 살았던 시대뿐만 아니라 현대 경제에도 해당되는 것으로 국가에 얼마만큼의 상품(부)이 생산될지는 "국가의 생산량 = 일인당 생산량×상품을 생산하는 사람의 수"로 결정된다. 그렇다고 하면 생산량을 늘리기 위해서는 '1인당 생산량'을 늘리던지 '상품을 생산하는 사람의 수'를 늘리면 되는 것이다. "1인당 생산량을 늘린다"는 것은 즉 "생산효율을 높인다"는 것이다. 이때 필요한 것이 분업과 자본축적이다. 그리고 생산하는 사람의 수를 늘리는 것에 필요한 것이 자본축적이다.

자본축적이란, "생산에 사용하기 위한 돈이나 원재료를 모아두는 것"이다. 먼저 자본이란 그것을 사용해서 비즈니스를 할 수 있는 것이다. 일반적으로는 돈이 여기에 해당된다. 돈이 있으면 비즈니스를 시작할 수 있다.

또한 상황에 따라서는 처음부터 상품이 있는 경우나 기계나 원재료가 있는 경우도 있다. 돈은 없어도 농산물을 많이 가진 농가는 먼저 그 농산물을 파는 것으로 비즈니스를 시작할 수 있다. 또한 마찬가지로 기계나 원재료도 그것을 사용해서 비즈니스를 할 수 있다는 의미에서 자본이 된다.

이런 장사의 밑천을 모아두는 것이 자본축적이다. 돈이나 생산설비, 원재료는 많으면 많을수록 생산을 확대할 수 있고 생산량을 늘릴 수 있다. 그렇기 때문에 자본축적은 중요한 것이다.

스미스는 국민의 풍요로움을 늘리기 위해 노동 생산성을 올리는 것이 중요하다고 말했다. 그리고 '분업'이 노동 생산성을 두드러지게 올린다는 것을 깨달았다. 분업이란 문자 그대로 일(業)을 나눈다는 것이다. 지금까지 하나의 일로 파악하고 있던 것을 세분화시켜 여러 명이 분담한다는 것이다. 스미스는 핀 공장을 관찰하고 다음과 같이 말했다.

의역

분업을 하면 10명이서 하루에 4만 8천 개의 핀을 만들 수 있다. 하지만 분업을 하지 않으면 한 사람이 한 개의 핀도 만들지 못할 것이다.

원문

작업 전체가 하나의 독자적인 작업일 뿐만 아니라 많은 부문으로 분할되어 있고, 그 대부분이 또다시 마찬가지로 독자적인 작업으로 되어 있다. 한 사람은 철사를 펴고, 다음 사람은 그것을 똑바로 다듬고, 세 번째 사람은 그것을 자르고, 네 번째 사람은 그것을 뾰족하게 갈고, 다섯 번째 사람은 머리를 붙이기 위해 그 끝을 깎는다…(중략) 이 열 사람은 하루에 4만 8천 개 이상의 핀을 만들 수 있는 셈이다… (중략) 그러나 만일 그들이 각자 독립해서 따로따로 모든 일을 하고, 또 아무도 이런 특정한 일을 위한 교육을 받지 않았다면, 그들은 틀림없이 혼자서 하루에 20개의 핀은커녕 한 개의 핀도 만들 수 없을 것이다."

— 국부론(1)에서

같은 것을 생산하는 경우라도 분업을 함으로써 생산효율을 4천 8백 배로 올릴 수 있다는 것이다. 일을 작게 나누면 각각의 일의 범위가 좁고 단순해진다. 10명의 노동자가 모두 나란히 서서 같은 일을 하기보다 일을 작게 나눠서 각 작업의 담당을 정하는 방법이 압도적으로 효율이 높아진다는 것이다. 현대에는 벨트 컨베이어 식으로 작업하는 것이 거의 일반화되어 있기 때문에 어떤 물건을 생산하는 경우라도 분업을 한다. 하지만 당시에 이 방법은 매우 획기적이었다. 노동의 생산성 향상에는 자본축적도 한몫을 한다. 즉, 자본축적이 노동 생산성을 높이는 것이다. 자본이 축적되면 분업이 진행되기 때문이다. 달리 말하면 자본이 축적되지 않으면 분업이 발생하지 않는다는 것이다.

왜 자본축적이 필요할까? 그것은 분업을 진행하기 위해서는 생산에 필요한 기계나 도구가 필요하기 때문이다. 즉, 분업을 하려면 분업체제에서 생산을 하기위해 필요한 생산설비가 있어야 한다. 또한 그런 생산설비를 사기 위한 돈이 축적되어 있지 않으면 안 된다. 생산성이 올라가도 생산에 필요한 재료가 없으면 결국 상품을 만들 수 없다. 따라서 원재료를 살 자본도 사전에 모아 두어야 하는 것이다.

즉, 분업을 하고 나아가 생산량을 늘리기 위해서 사전에 자본축적이 이뤄져야 한다. 자본축적이 진행되어야 분업이 진행되는 것이다.

국가의 부는 상품의 생산량으로 결정된다. 그리고 그 생산량을 늘리기 위해서는 노동의 생산성을 올려 노동자 1인당 생산량을 늘

립과 동시에 노동자의 수를 늘리는 것도 중요해진다. 다만 여기서 한 가지 확인해야 할 것이 있다. 여기서 말하는 노동자란 상품을 생산하는 사람, 즉 '생산적 노동자'를 말한다. 이 관점은 스미스의 경제학 분석에서 아주 중요한 부분이다.

현대에는 노동자라고 하면 어떤 상품을 만드는 사람을 떠올릴 것이다. 그렇지만 스미스가 살았던 시대는 봉건제에서 시장경제로 이동하는 과도기로 지주나 영주는 많은 하인을 소유하고 있었다. 그 하인들도 노동자임에는 틀림없다. 하지만 상품의 생산에는 관여하지 않고 고용주인 영주의 신변 시중을 든다. 따라서 이들은 생산적 노동자가 아니다. 아무리 하인이 늘어나도 상품의 생산량은 늘어나지 않는다. 생산 활동에 관여하고 있지 않기 때문이다.

단순히 인구가 늘고 일하는 사람이 느는 것만으로는 의미가 없다. 제대로 생산 활동에 종사하는 노동자를 늘리는 것이 핵심이다. 그리고 스미스는 "자본의 양이 많은 편이 보다 많은 노동자가 생산적 노동에 종사할 수 있다"라고 생각했다. 자본은 비즈니스를 시작하는 데 반드시 필요하기 때문에 당연히 자본이 없으면 비즈니스는 시작할 수 없다. 반대로 자본이 많은 사회, 즉 비즈니스의 밑천이 많은 사회에서는 대규모의 비즈니스가 성립되고 소규모라도 많은 비즈니스가 발생할 가능성이 높다. 어느 쪽이든 많은 사람들이 생산 활동에 참여할 수 있게 된다. 결국 자본이 많은 사회가 일자리가 많은 사회인 것이다.

인구가 같아도 자본이 많으면 그만큼 생산적인 일이 많이 생기게 되고, 따라서 그만큼의 '부'를 더 생산해낼 수 있다. 그렇기 때문에 자본이 축적되어 있는 것(자본이 많이 있는 것)은 경제발전에 중요한 요소이다.

저축과 소비의 경제학적 의미

스미스의 경제학에서 '자본축적'은 매우 중요한 의미를 갖는다. 자본축적은 분업을 촉진하고 또 분업은 생산성을 끌어올린다. 결과적으로 '국민의 부'가 늘어나고 국가는 풍요로워진다. 이 자본축적을 이해하기 위해서는 저축이라는 방식과 저축이 불러일으키는 작용에 대해 알고 있어야 한다.

먼저 저축이란 경제학적인 표현을 빌리면 쓰지 않고 남겨 두는 몫이다. '수입-소비'가 저축으로 즉 수입 중에서 소비하지 않는 돈, 수확한 농작물 중에서 먹지 않고 보존해둔 몫이다. 이 개인의 저축이 사회 전체에서 봤을 때의 자본축적이 되는 것이다. 또한 자본은 돈뿐만 아니라 물건(종자, 원재료 등)일 가능성도 있다. 따라서 저축은 수입 중에서 소비하지 않은 돈이 아닌 (돈을 포함해서) 수중에 들어온 것 중 쓰지 않고 모아둔 것이라고 생각하는 편이 좋을 것이다. 그렇게 생각하는 편이 앞으로의 이야기를 매끄럽게 이해할 수 있기 때문이다.

개인의 저축은 쓰지 않고 남겨 둔 몫이다. 하지만 계속 쓰지 않을 수는 없다. 모아둔 재산은 필요한 때 합쳐서 쓰기 위해서이다. 반대로 말하면 저축이 없으면 목돈을 필요할 때 쓸 수 없게 된다. 이것이 큰 문제다.

예를 들어 공장의 규모 확대를 계획했다고 가정해보자. 공장의 규모를 확대하기 위해서는 새롭게 공장(건물)을 세우기만 하면 되는 것이 아니다. 생산을 하기 위한 기계가 필요하고 증산하기 위해서는 그만큼 원재료도 많이 필요하다.

이것은 곧 기계나 원재료를 모으지 못하면 상품을 증산할 수 없게 된다는 의미이다. 따라서 자본축적이 필요하다.

저축을 한다는 것은 소비를 하지 않는다, 물건을 사지 않는다(먹지 않는다. 쓰지 않는다)는 것이다. 그것이 경제에 좋은 일인지 의문을 갖는 사람도 있을 것이다.

분명 저축을 전혀 하지 않고 수입을 모두 소비로 돌려버리면 그만큼 많은 상품을 사게 되고, 그만큼 경기도 좋아질 것 같은 느낌이 든다. 마찬가지로 근대 거시 경제학에서도 '절약의 패러독스'라고 해서 개인이 저축을 늘리면 경기가 나빠져 결과적으로 사회 전체적으로는 저축이 줄어든다는 역설적인 현상이 이야기되고 있다. 그렇기 때문에 저축은 경제발전에 악영향을 주는 듯한 이미지를 갖고 있다. 하지만 결코 그렇지 않다. 저축을 하면 그만큼 소비가 줄어 경기가 나빠진다는 것은 "공급은 되는데 수요가 부족한 세계"에 해당되는 이야기이다. 상품은 많이 만드는데 수요가 부족하기 때문에 팔리지 않고 남아서 경기가 나빠지는 것이다.

하지만 스미스가 살았던 시대의 사정은 다르다. 여기서 떠올려야 할 것은 이 시대는 공급량이 전혀 충분하지 않았다는 점이다. 필요한데도 사지 못하는 사람이 많이 발생하는 '물자부족'의 시대였다. 따라서 어떻게 공급량을 늘리고 생산량을 늘릴지가 중요해지는 것이다.

분업과 자본축적의 목적

스미스는 국민의 부를 늘리기 위해 분업과 자본축적이 필요하다고 주장했다. 하지만 이것이 "더욱 더 높이! 한층 더 성장을!"이라는 무의미한 경제발전을 의미하는 것은 아니다. 스미스가 살았던 시대는 압도적으로 물자가 부족한 시대였다. 즉, "더욱 많이! 더욱 위를!"이 아닌 조금이라도 부족한 부분을 보충하기 위한 경제발전이었다.

이 부분을 이해하지 않는다면 스미스의 의도를 오해하게 된다.

스미스가 의도한 경제발전은 단순한 돈벌이가 아니라 빈곤을 없애기 위함이었다. 스미스는 분업과 자본축적의 결과, 부가 중산되고 그것이 사회의 최하층까지 확대된다고 생각했다. 즉, 사회의 최하층인 빈곤층을 구제하기 위한 분업이고 자본축적인 것이다. 그렇다고 해도 분업과 자본축적으로 자본가만 더욱 돈을 벌게 된 것은 아닌가하는 의문이 든다. 물론 맞는 말이다. 경제가 발전한 결과 가진 자가 더욱 부유해지는 '격차사회'가 만들어지는 것도 스미스는 인정하고 있었다. 하지만 그렇다고 해서 부를 늘리지 말아야 하는 걸까? 격차가 생겨도 빈곤을 구제할 수 있는 사회와 모두가 빈곤한 상태인 사회 중 어느 쪽이 나을까? 스미스도 격차가 발생하는 것은 인정했다. 그리고 그는 이렇게 말했다.

의역

문명국에서는 가장 가난한 사람들조차도 생필품을 손에 넣을 수 있다. 분명 왕이나 귀족 등 지위가 높은 사람들은 훨씬 더 사치스러운 생활을 하고 있기 때문에 그에 비하면 자신이 가난해 보일 것이다. 하지만 그 국왕과 서민의 '격차'는 문명국보다 미개한 나라가 더 클 것이다.

원문

문명국의 최하층조차 수천 명의 원조와 협력 없이는, 우리가 간

단하고 단순한 것으로 잘못 생각하고 있는 그의 평소의 살림살이
조차 제공받을 수 없다는 것을 알게 될 것이다. 물론 지위가 높은
사람들의 엄청난 사치에 비한다면, 그들의 가재도구는 매우 단순
하고 간단하게 보이겠지만, 그래도 또한 유럽 왕후들의 가재도구
가 부지런하고 검약한 농부의 그것을 능가하는 정도는, 반드시
농부의 가재도구가 수만 명의 벌거숭이 미개인의 생명의 절대적
지배자인 많은 아프리카 국왕의 그것을 능가하는 정도는 아니라
는 것은 아마도 진실일 것이다."

— 국부론(1)에서

경제가 발전한 나라에도 격차는 존재한다. 다만 경제 발전이 없
는 미개한 나라의 격차가 더욱 심할 것이다. 따라서 경제가 발전
하면 격차가 더 벌어진다는 비판은 타당하지 않다. 또한 생필품을
얻지 못하는 미개한 나라와 경제가 발전해서 가난한 사람이라도
어느 정도의 생필품은 확보할 수 있는 나라 중 어느 쪽이 더 나을
까? 사회복지의 관점에서 봐도 경제가 발전한 나라가 나을 것이
다.

스미스는 자유경쟁을 인정하고 어떤 의미로는 격차를 용인했다.
하지만 그것은 그 결과 빈곤이 구제되기 때문이다. 현대 사람들은
스미스가 "자유거래를 해야 한다! 자신의 이익만을 생각하면 된

다!"라고 주장했다고 생각한다. 그 때문에 일부에서는 스미스에 대해 격차를 대수롭지 않게 여기는 냉철한 경제학자라는 평가를 내린다. 하지만 스미스가 살았던 시대배경이나 경제발전의 의도를 알면 그런 이미지가 잘못되었다는 사실을 깨닫게 될 것이다.

여기에서도 스미스의 진의가 크게 오해받고 있는 것이다.

기업과 자본축적이 부의 증산(경제발전)에 필요한 것이라고 생각하면, 그것을 저해하고는 경제발전은 원활하게 실현되지 않을 것이다. 그렇다면 무엇이 저해 요인이고 왜 그것이 저해 요인이 된다고 생각했는지, 여기에 관한 스미스의 생각을 살펴보자. 분업을 저해하는 요인을 생각하기에 앞서 먼저 분업을 성립시키는 것을 생각해보자. "왜 인간은 분업을 하는 것이고 어떻게 할 수 있는가?"

분업에 의해 생산성이 올라가는 것은 분명하다. 하지만 스미스가 주장하기를 인간이 처음부터 생산성을 올리기 위한 목적으로 의도적으로 분업을 시작한 것은 아니었다. 즉, 애초부터 분업이 존재한 것은 아니다.

스미스는 분업이 성립하는 것은 자신이 만든 상품을 교환할 장소, 즉 시장이 있기 때문이라고 생각했다. 요컨대 "시장이 있기 때문에 분업이 시작된다." "시장에서 거래를 할 수 있기 때문에 사회에 분업체제가 퍼져 간다"고 생각한 것이다. 그렇다면 각자가 분업해서 다른 물건을 생산하고 있기 때문에 교환이 발생하는 것은 아닌가?

그렇게 생각하는 사람이 많을 것이다. 애초에 각자 분업을 하고 있고 생산할 수 있는 것이 서로 다르기 때문에 그것을 교환하기 위해 시장이 생겨났다는 생각도 이치에 맞는 말이다. 세상이 성숙해가는 과정에서 자급자족의 세계는 자신이 만든 것과 상대가 갖고 있는 것을 교환하는 교환사회로 진화해간다. 바다에 사는 사람은 생선만 먹고 산에 사는 사람은 멧돼지만 쫓고 있었다. 그 두 사람이 만나 자신들이 갖고 있는 것을 교환했다. 이렇게 생각하면 처음부터 분업체제가 존재했고 그 분업의 결과 물건을 교환하게 되었다고 생각할 수 있다. 하지만 스미스는 그렇게 생각하지 않았다.

분업과 시장성립의 인과관계는 그것과 반대라고 생각했다. 교환의 장이 있기 때문에 어떤 특정한 상업에 전념할 수 있는 것이라고 생각했다. 이렇게 한번 생각해보자.

인간 생활에서 맨 처음 생각해야 할 것은 자신이 살아가는 데 필요한 것을 확보하는 것이다. 그것이 없으면 살아갈 수 없다. 그렇기 때문에 무엇보다도 먼저 그 생활필수품을 확보하려고 할 것이다. 반대로 그것을 확보할 수 있다는 확신이 없으면 단일 상품에 전념한다는, 하물며 핀 공장의 라인 노동자가 되려는 생각은 하지 않을 것이다. 즉, 필요한 상품은 나중에 교환을 통해 얻을 수 있다고 확신하기 때문에 분업이 성립하는 것이다.

경제가 발전하기 전에는 해변에서 생선만 잡고 산에서 멧돼지만 쫓고 있던 사람도 있었다. 그러나 그 사람들은 단지 생선만, 멧돼지만으로도 생활할 수 있었다(실제로는 옷이나 집도 스스로 조달하고 있었기 때문에 단일 상품의 생산에 전념하고 있었던 것도 아니다). 그리고 자급자족하고 있던 두 사람이 만난 결과, 서로의 생선과 멧돼지를 교환하면 생활이 좀 더 나아질 것이라는 생각에 교환을 했던 것이다.

교환의 장이 발전하면 다양한 것을 얻을 수 있다는 안도감이 생긴다. 그 결과 "혼자 모든 것을 만들 필요는 없다"라는 감각이 생겨난다. 그리고 음식 이외에 옷만 만들거나 심지어는 '핀'의 아주 작은 일부의 제조과정만을 담당할 수 있게 되는 것이다. 반대로 만약 교환의 장이 없다면 어떻게 될까? 가령 우리 생활 속에서 다른 사람이 가진 상품과 우리가 가진 것을 교환할 수 없게 된다면? 그럴 경우, 사전에 생필품을 모두 확보해야 한다고 느낄 것이다. "생산효율을 높이기 위해 분업을 하자"라는 발상은 하지 않을 것이다. 즉, 교환을 하지 못한다면 분업은 성립되지 않는다.

전쟁이나 대규모 자연재해 등 사회가 혼란스러울 때 우리는 "어떻게든 필요한 것을 스스로 확보하자"라고 생각할 것이다. 그런 상황에서는 누가 언제 거래에 응해 줄지 모르기 때문이다. "당신은 옷을 담당하고 나는 우산을 만들고, 음식은 다른 누군가에게 만들게 하자"고 느긋하게 생각하고 있을 여유가 없다. 분업이나 하고 있을 상황이 아닌 것이다.

요컨대 분업이 성립되기 위해서는 '상품을 교환할 시장'이 존재해야 하는 것이다. '교환할 수 있는 장소가 있을 것'이 분업의 전제조건이 되는 것이다. 언제라도 자신이 필요한 것을 타당한 가격에 얻을 수 있다고 느끼면 혼자서 전부 만들 필요는 없다고 생각하게 된다. 분업을 하기 위한 전제조건이 갖춰지는 것이다. 이것이 스미스의 논리의 근저에 있는 사고방식이다. 그렇다면 그것이 스미스의 자유경쟁 사상으로 이어진다는 것인가?

그렇다. 자유경쟁은 분업을 촉진하는 데 반드시 필요한 요소인 것이다. 다음으로 경쟁과의 관계에 대해 살펴보자.

공정한 시장

시장이 성립하는 것은 사회의 부를 늘리는 데 반드시 필요하다. 그리고 시장이 크고 안정될수록 "특정 상품의 생산에 전념해도 시장에서 다양한 상품을 살 수 있다"라는 신뢰감과 안도감이 생겨나서 분업이 촉진된다.

그렇다는 것은 시장의 활동을 제한하거나 방해하는 것은 분업을 저해하고 국가의 부에 악영향을 끼친다는 말이다.

스미스가 자유거래를 방해하는 것으로 꼽은 것은 '독점', '관습에 따른 배제', '정부에 의한 규제' 등이다. 이런 것들이 있으면 자유롭고 정당한 거래를 할 수 없다. 그 결과 시장에서 거래하려는 사람이 줄어들 것이다.

모두가 시장에서 물건을 팔지 않으려고 하면 필요한 것을 살 수 없게 된 사람들은 직접 필수품을 생산하게 될 것이다. 이렇게 되면 분업이 중단되는 것이다.

즉, "독점규제= 분업을 저해하는 것=경제발전을 막는 것은 결국 빈곤을 구제할 수 없어진다"는 도식이 그려진다. 사람들은 "스미스가 자유거래를 제창했다"라는 것만 부분적으로 이해하고 있다. 하지만 왜 자유거래를 주장했는지 그 이유까지는 이해하고 있지 않다. "자유거래를 하지 않으면 가난한 국민을 구제할 수 없다"는 것이 스미스가 생각이었다. 나라의 풍요로움을 결정하는 것은 상품의 생산량이다. 그리고 상품의 생산량을 결정하는 것은 분업과 자본축적이다. 그렇기 때문에 이것을 방해해서는 안 된다. 결론부터 말하면 이것도 정부와 규제 특권이다.

왜 그렇게 말할 수 있는가? 스미스에 따르면 정부와 규제 특권은 두 가지의 방법으로 자본축적을 저해한다.

첫 번째는 자본을 모으지 않고 낭비해버린다는 것이다. 자본축적은 자본을 쓰지 않고 남겨두는 것이다. 돈이나 원재료 등의 자원을 쓰지 않고 남겨두기 때문에 축적되는 것이다.

물론 필요한 곳에는 써야 하지만 본래 축적할 수 있었을 돈이나 자원이 낭비되어버리는 경우가 있다. 이것이 첫 번째 방해이다.

두 번째 방해는 성질이 좀 다르다. 그것은 부적절한 부문에 축적해버린다는 것이다. 즉, 올바른 자본축적을 방해하는 것이다. 돈이나 자원은 그저 축적되기만 하면 좋은 것이 아니다. 유효한 부문에 축적되어야 한다. 그렇지 않으면 자본축적의 효과가 충분히 발휘되지 않는다. 스미스에 따르면 내버려두면 적절한 부문에 사용 될 자본도 방해가 개입됨으로써 효과가 낮고 비효율적인 방법으로 사용되는 경우가 있다고 한다. 그렇다면 정부나 규제 특권이 어떤 식으로 자본축적을 방해하는 건지 스미스의 생각을 되돌아보자.

먼저 생각해야 할 것은 '자본을 축적하는 것은 누구인가'라는 것이다. 자본을 축적하는 것은 '자본가'이다. 현대의 감각으로 말하면 기업이라고 하는 편이 이해하기 쉬울 것이다. 자본가(기업)가 비즈니스를 전개해서 이익을 올리고 마지막에 남은 것을 축적한다. 하지만 정부가 자본가에게 과세해서 저축을 빼앗아버리면 축적이 발생하지 않게 된다. 이것이 정부가 자본축적을 방해한다는 것이다.

정부는 세금으로 모은 돈을 공무원이나 군대를 유지하는 데 사용한다. 다만 공무원과 군인은 무언가를 생산하는 생산적 노동자가 아니다. 그렇기 때문에 아무리 군인과 공무원이 늘어도 국가의 부는 늘어나지 않는다.

정부가 본래 자본가가 생산 활동에 쓰려고 했던 자본을 빼앗아 그것을 비생산 노동에 할당해버리는 것이다. 그렇다고 '비생산적 노동자'가 불필요하다는 말이 아니다. 이 부분을 오해하지 말자. 스미스는 공무원과 군인이 불필요하다고는 말하지 않았다. 오히려 필요하다고 했다. 스미스는 국가(정부)가 해야 할 중요한 일로써 국가를 지키는 일과 사법과 경찰의 역할 등을 들고 있다. 국가의 안전을 지키고 국내의 치안과 질서를 지키는 것은 정부의 중대한 역할이라고 한 것이다. 그래서 군인과 공무원도 필요하다.

다만 '필요하다'는 것과 '생산적 노동자이다'는 것의 의미가 다를 뿐이다. 아무리 필요한 일이라도 상품의 생산에 직접 관여하고 있는 것은 아니기 때문에 생산의 확대나 경제의 발전에는 도움이 되지 않는다. 오히려 발전을 저해시키는 요소가 되는 것이다. 스미스가 말하는 것은 정부가 필요 이상으로 커지는 것은 무의미하고 유해하다는 것이다.

스미스가 이렇게 주장한 배경에는 '정부의 낭비'가 있었다.

현대에도 정부는 낭비가 심하다고 비판받고 있는데, 당시에도 낭비가 많았던 듯하다. 스미스는 정치를 쥐고 있는 지주계층을 "검약을 모르는 게으름뱅이에 무지하다"고까지 표현하며 정부의 낭비벽을 거세게 비난했다.

정부는 '낭비조직'

당시 봉건제의 여운 속에서 지주가 많은 정부권력을 쥐고 있었다. 하지만 지주는 소작료로 생활하고 있는 소위 '불로계급'이었다. 나쁘게 말하면 일해본 적도 없는 부잣집 도련님이었던 것이다. 따라서 부자고 무엇 하나 부족한 것 없이 살아온 사람이 '검약'을 모르는 것은 당연하다.

의역

지주계급에는 고생하지 않아도 들어오는 불로 소득이 있다. 그 결과 나태해져 재산을 관리하고 운용하는 경험이나 지식이 결여되어 있는 경우가 많다.

원문

지주계급, 자본가 계급과 노동자 계급 이 세 계층 가운데 지주계급만은, 그 수입이 그들의 노동이나 배려가 없이도, 다시 말하면 저절로, 그들 자신의 계획이나 기획과는 아무런 상관없이 굴러들어오는 것이다. 그들의 처지가 안락하고 안정되어 있는 데서 오는 자연스러운 결과인 게으름 때문에, 그들은 그저 무지해질 뿐만 아니라, 어떤 공적인 규제의 결과를 예측하고 이해하는 데 필요한 정신 집중을 하지 못하는 일이 너무 많다.

— 국부론(1)에서

현대 사회에도 세습의원이나 지방 유력자의 자손이 정치권력을 세습받는 국가가 있다. 스미스가 이 시대에 살았다면 같은 문제를 지적했을 것이다.

스미스가 살았던 시대는 자본가 계급이 대두해 새로운 권력자로서 등장한 시대였다. 그 때문에 자본가도 정치의 세계로 점점 발을 들여놓기 시작했다. 또한 실제로 정치인이 되지는 않더라도 지배계급에 강한 영향력을 갖기 시작했던 것이다. 자본가는 코스트의식을 지녔고 매사를 효율적으로 처리해가는 능력이 있다. 전체적으로 보면, 적어도 지주보다는 압도적으로 업무능력이 높았다고 볼 수 있다.

하지만 스미스는 이 신흥 자본가 계급도 문제로 보았다.

스미스가 우려했던 것은 자본가의 '공공정신의 결여'였다. 자본가는 비즈니스 능력도 있고 일도 잘한다. 하지만 그것은 원인을 파고들면 자신의 이익 때문이라는 사실을 알 수 있다. 자사의 경영으로 이익을 추구하는 것은 스미스도 인정하고 있다. 하지만 자신의 이익을 더욱 늘리기 위해 공공의 이익을 희생시킨다면 이야기는 달라진다.

기업이 시장을 독점하려고 하면 자본가의 이익과 공공의 이익은 상반된다. 당시 영국에서는 지주에게 손을 써서 자신들이 이익을 독점할 수 있는 규제나 제도를 만들게 한 자본가도 있었다. 하지만 "모두가 시장에서 자유롭게 경쟁을 할 수 있다"라는 전제조건이 성립되어야 시장이 성립된다. 그리고 시장이 성립되어야 분업이 성립되고 노동의 생산성이 높아져 국가의 부가 늘어나는 것이다. 그렇기 때문에 경쟁을 배제하거나 제한하는 규제와 제도는 국민 모두에게 마이너스인 것이다. 이것이 공공의 이익을 희생하고 있다는 것이다. 또한 자본가가 시장을 독점하려고 하면 국내외를 불문하고 경쟁자를 배제하려고 한다. 이것이 '보호무역' 즉, 해외업자의 배척으로 이어지는 것이다.

현대에도 무역을 규제하거나 높은 관세를 매기는 보호무역은 해외로부터 거세게 비난받고 있다. 무역마찰이라는 말이 나올 정도로 해외와의 거래 문제는 국가 간의 심각한 충돌로 이어지기도 한다. 경제문제가 정치적인 대립을 낳아 전쟁으로까지 발전해가는 것이다. 자본가가 이익을 독점하려고 한 결과 영국은 70년 동안 네 번이나 프랑스와의 전쟁을 치렀고 수많은 소중한 목숨과 거액의 돈(본래 생산 활동에 쓰였을 돈)을 잃었다. 당시 영국 정부의 지출 중 아무 것도 생산해내지 않는 전쟁비용이 90%를 넘었다고 하면 그 금액의 크기를 짐작 수 있을 것이다.

전쟁이 없었다면 그만큼의 자본을 무언가 다른 일에 사용할 수 있었을 것이다. 물론 자본 전부가 완벽하게 생산적 노동에 사용되지는 않았을 것이지만 전쟁으로 인해 자본축적이 방해를 받아 경제발전이 늦어진 것은 명백한 사실이다.

유용한 자본축적

자본축적은 분업을 촉진하고 부의 증산에 공헌한다. 다만 어떤 형태든지 관계없이 자본만 축적하면 된다는 것은 아니다. 즉, "어떤 비즈니스라도 좋으니까 규모만 확대되면 된다"는 말이 아니다. 스미스가 생각하는 국민의 풍요로움이란 '국민 1인당 상품량(필수품과 편익품의 양)'이다. 필수품과 편익품이 부인 것이다. 그리고 그것의 증산에 기여하는 것이 유용한 자본축적이다. 반대로 아무리 자본이 축적되어도 그것이 필수품과 편익품의 생산 확대에 사용되지 않으면 그 어떤 의미가 없다.

예를 들어 살아가는 데 필요하지 않은 사치품을 생산하거나 외국에서 모아오는 비즈니스는 '부의 생산'에 기여하지 않는 것들이다. 외국의 희귀한 항아리나 장식품, 하물며 필요 이상으로 착용감이 좋은 실크 등도 마찬가지다. 이것들은 국민의 부를 늘리지 않는 즉 국민의 생활수준 개선에 전혀 기여하지 않는 것들이다. 스미스가 살았던 시대는 식량과 생활필수품이 부족했다. 그런 시대에는 일단 살아가는 것이 중요했다. 먼저 필수품을 확보하고 필수품이 충분히 모이면 그 다음으로 편익품을 확보한다. 편익품도 세상에 충분하게 널리 미치면 그때 비로소 사치품을 지향해야 한다. 이것이 올바른 순서이고 이 순서로 산업이 발전하도록 자본축적을 해야 하는 것이다.

스미스의 생각은 '필수품은 음식(농업)', '편익품은 제품(제조업)', 그리고 사치품은 외국에서 얻는 것(외국무역)'에 비유할 수 있다. 즉, 축적된 자본은 먼저 농업(필수품의 생산을 위해)에 투자되어야 하고 그 다음으로 제조업(편익품의 제조)에, 그리고 마지막으로 외국무역(사치품의 확보)에 투자되어야 한다는 것이다. 똑같은 양의 자본을 써서 똑같은 노력으로 비즈니스를 해도 성과물이 다르기 때문에 경제에 미치는 영향도 달라진다. 따라서 이 같은 순서가 아주 중요한 것이다. 스미스는 "각자의 판단에 맡겨두면 저절로 필요한 순서로 자본이 투입된다"고 생각했다. 내버려두면 저절로 농업 제조업 외국무역의 순서로 경제가 발전하게 된다는 것이다. 상품을 생산하는 사람(현대로 말하면 '기업')이 "소비자는 식량이 없으면 살 수 없다. 소비자를 위해 외국무역은 나중으로 미루자"라고 배려해주는 것이 아니다. 정부 또한 국가 전체의 상황을 파악해서 "아니, 아직은 제조업에 손을 댈 시기가 아니야"라고 판단을 대신 해주지는 않는다. 각자 스스로 자신의 이익을 생각해서 판단하면 저절로 이 순서로 자본투입이 이뤄진다.

그것은 해외무역보다도 제조업, 제조업보다도 농업을 하는 것이 안전하고 확실하게 돈을 벌 수 있기 때문이다.

인간은 먹어야만 한다. 먹지 않고는 살아갈 수 없다. 즉, 농업 생산물은 확실하게 소비되는(팔리는) 상품이다. 게다가 비즈니스로써 농업을 파악하면 항상 자본가의 눈이 닿는 장소에서 생산이 이뤄진다. 채소를 조금쯤 도둑맞을 가능성은 있지만 토지를 도둑맞을 일은 없다. 매우 안전한 비즈니스이다. 제조업에서 생산되는 상품은 옷이나 식기처럼 생활필수품에 가까운 것도 있지만 대략적으로 보면 생활에 도움이 되는 편익품이다. 물론 이것도 거의 소비된다(거의 팔린다). 다만 이런 것들보다 인간에게는 식량이 더 필요한 상품이다. 역시 농업 쪽이 현명한 상업인 것이다.

마지막으로, 외국무역에서는 주로 사치품이 거래된다. 이것은 어쩌면 편익품일지도 모르지만 필수품은 아니다.

당시 외국과의 무역은 해적을 만나거나 조난을 당할 위험이 있어 늘 도박성이 높은 비즈니스였다. 물론 좋은 결과로 거래를 마치고 돌아와 큰 부를 축적한 사람도 있다. 하지만 도중에 생명과 재산을 잃은 사람도 많았다. 따라서 해외무역에서는 이익의 폭이 크며 비싸도 구매해줄 사치품만을 거래했다. 그렇다는 것은 해외무역은 그다지 부를 낳지 않는 비즈니스인 것이다. 게다가 실패할 위험도 높기 때문에 모처럼 축적한 자본이 부를 만들어내지 못하고 제로가 되어버릴 가능성도 있었던 것이다.

중요한 것은 누군가가 의식적으로 통제하지 않아도 자연의 흐름에 맡겨두면 경제가 이 같은 순서로 발전해간다는 것이다. 각자의 자연스러운 판단에 맡겨두면 저절로 '보이지 않는 손'이 작용해서 올바른 결과로 귀착되는 것이다. 그러기 위해 중요한 것은 각자가 자유롭게 판단하고 자유롭게 거래할 수 있을 것이다.

여담이지만 당시 유럽 각국에서는 향신료를 찾아 아시아에 왔다. '후추 한 알은 금 한 알'이라고도 할 만큼 굉장히 고가였다고 한다. 중학생 때 처음으로 그 말을 듣고 당시에는 양념이 고가의 상품이었구나라고 생각했지만 실제로는 달랐다. 당시 향신료는 단지 양념만이 목적이 아니라 약으로도 사용되고 있었다고 한다. 살균과 항균 작용을 하는 약용으로 쓰였던 것이다.

올바른 자본투입

각자의 자유에 맡기면 자연스러운 흐름으로 자본이 축적되어 경제가 발전한다. 그리고 스미스는 이 흐름으로 발전하면 부를 가장 빨리 증대시킬 수 있다고 생각했다.

국민의 풍요로움이 필수품과 편익품의 양으로 결정된다고 생각하면 필수품을 안정적으로 생산할 수 있는 농업부터 시작하는 것이 자연스럽다. 먼저 농업을 발전시켜 국민 모두가 식량을 얻을 수 있게 한다. 그런 다음 제조업이 발전해 국민이 다양한 편익품을 얻을 수 있게 된다. 나아가 생활에 여유가 생기면 그때 비로소 외국과의 무역을 시작한다. 이런 순서로 국가가 발전한다면 필수품과 편익품이 재빨리 국내에 보급될 것이다. 스미스는 '무역'을 부정하는 것이 아니다. 단지 무역에 손을 대기 전에 먼저 농업과 제조업을 발전시켜야 한다고 주장한 것이다.

그런데 이 자연스러운 흐름은 인위적으로 만들어 버리는 경우가 있다. 예를 들어 정부가 주력산업을 설정하고 그 분야에 보조금을 내주거나 그 외의 분야에 규제를 건다. 그러면 사실은 농업 쪽이 안전한 비즈니스인데도 "지금은 정부가 무역에 보조금을 내주니까 무역에 손을 대는 편이 좋아"라고 판단해버리기 때문에 여기서 자본이 투입될 순서(시작해야 할 비즈니스)가 바뀌어 버린다.

이것은 스미스가 맹렬하게 비판했던 중상주의에도 해당된다. 중상주의는 외국에 상품을 많이 팔고 그 대가로 국내에 금·은을 모은다는 정책이었다. 요컨대 무역에 비중을 둔 정책이었기 때문에 농업이나 제조업에 사용되었을 자본이 억지로 방향이 꺾여서 외국무역으로 향해버린 것이다. 또한 스미스는 이렇게도 말했다.

"어떤 경우든 자신의 재산을 투입해야 할 곳은 자기 자신이 가장 잘 알고 있다." 요컨대 국가나 머리가 좋은 사람이 생각하고 결정하기보다 각자가 최선의 방법을 생각해서 비즈니스를 하는 편이 반드시 더 좋은 결과를 가져온다는 것이다. 이것은 사회주의 경제와 자본주의 경제의 사고방식의 차이로 생각하면 훨씬 이해하기 쉬울 것이다. 어떤 상품을 생산하고 얼마나 생산할지는 정부가 정하기보다 시장이나 생산현장을 잘 알고 있는 각자가 스스로의 판단으로 결정하는 편이 좋은 결과가 나온다. 스미스는 그것을 주장하고 있었던 것이다. 즉, 각자의 판단에 맡겨야 한다는 것이다.

단지 그 의도는 뭐든지 제멋대로 해도 된다는 것이 아니다. 스미스가 각자의 판단에 맡겨야 한다고 한 것은 그 편이 보다 많은 부를 생산할 수 있기 때문이고 또 그 편이 사회에 이점이 있기 때문이다. 주위를 생각하지 않고 각자가 자신의 이익을 추구하면 된다는 것이 아니라 어디까지나 사회의 이익을 생각한 일인 것이다.

스미스의 이념이 오해받고 있다는 것은 여러 번 말했지만 이 점은 거듭 강조해도 지나치지 않다. 스미스가 주장한 자유주의는 사회 전체를 위해서였던 것이다.

경제발전의 원동력

스미스는 부를 늘리기 위해 분업과 자본축적이 필요하고 또한 분업과 자본축적을 원활하게 추진하기 위해 각자가 자유롭게 경제활동을 할 수 있는 제도가 필요하다고 말했다. 자유경제의 필요성과 중요성을 주장했던 것이다. 이것이 '스미스 경제학이론'의 큰 틀이다. 하지만 이것으로 끝이 아니다. 아직 중요한 것은 분석하지 않았다. 그것은 "누가 경제발전을 견인해가는 것인가?"다. 즉, '경제를 움직이는 힘'과 '경제발전의 원동력'에 대한 분석이다.

이상적인 계획과 객관적인 시나리오를 만들어도 그것을 움직일 사람이 없으면 아무것도 변화하지 않는다. 우리의 현실을 생각해도 마찬가지다. 지금의 시장 환경을 객관적으로 분석하고 비즈니스의 구조를 이해하고 "과연, 여기가 그렇게 되어 있구나. 그럼 이 시책을 강구하면 되겠다"고 알기만 해서는 아무 변화도 일어나지 않는다. 누군가 행동하지 않으면 회사도 경제도 사회전체도 변화하지 않는 것이다.

스미스는 국가의 부를 늘리는 것을 경제학의 목적으로 파악했다. 그렇기 때문에 경제구조 뿐만 아니라 실제로 부를 증산시키는 방법으로 스미스가 낸 결론을 파악해야 한다.

즉, "누가 경제를 움직이고 있는가?" 또한 그것과 아울러 "왜 그 사람들이 움직이는가?"라는 동기에 대해서도 생각해야 한다는 것이다. 그러므로 다음은 실제로 경제를 움직이고 있는 원동력이란 무엇인가에 대해 생각해보기로 하자. 사실 이것은 〈국부론〉이 아닌 〈도덕 감정론〉에 포함된 내용이지만 국가의 경제발전과 크게 관계된 테마이므로 여기에 소개하도록 한다.

경제발전의 원동력

결론부터 말하면 스미스는 경제를 움직이고 발전시켜가는 원동력은 '경박한 사람'이라고 생각했다. 경박한 사람이 경제발전을 이끌어간다고 주장한 것이다. 경박한 사람에 대해 정의를 다시 한번 확인해보자.

스미스가 말한 경박한 사람이란 내면의 재판관, 즉 자신의 내면의 정의가 내린 판단보다 세상의 평판을 의식하는 사람이다. 즉, 자신의 마음에 등을 돌리고 안이하게 그릇된 길로 나아가버리는 사람인 것이다. 왜 그런 안이하게 그릇된 판단을 하는 사람이 경제의 원동력이 되는가?

그것은 경박한 사람이 다른 사람의 눈을 의식하기 때문이다. 경박한 사람은 세상의 눈을 의식하여 자신을 꾸미려고 한다. 자신이 부유하고 중요인물이라고 어필하고 싶은 것이다. 그래서 필사적으로 부를 쫓게 된다. 즉, 필사적으로 비즈니스를 해서 돈을 벌려고 하는 것이다. 그 결과 경제 전체가 발전해간다는 것이 스미스의 생각이었다. 스미스의 사고방식에서 논리적으로 설명하면 이렇다.

인간은 마음속으로부터 다른 사람의 동감을 바라는 동물이다. 한편 인간은 항상 다른 사람의 감정이나 행동을 평가한다. 그리고 마찬가지로 경제적 상황에도 동의하거나 비난하는 감정을 갖는다. 알기 쉽게 표현하면 '부'와 '풍요로운 사람'을 높게 평가하고 '빈곤'과 '가난한 사람'을 형편없다고 생각한다는 감정을 품고 있는 것이다. 게다가 부유한 사람을 중시하고 그의 의견을 존중하며 대단한 사람으로 인식한다는 것이다. 스미스는 이렇게 말했다.

의역

가난한 사람과 부유한 사람이 똑같은 공적을 남긴 경우 세상은 '부유한 사람'을 한층 더 존경할 것이다. 부자가 과시하는 '사소한 실적'이 가난한 사람이 견실하게 쌓아올린 성과보다 칭찬할

만 하다고 느낀다. 그리고 실제로 대부분의 경우에 부자나 권력자가 세상으로부터 존경을 받고 있는 것이다.

원문

공로가 같은 경우, 부자와 권세가를 가난하고 비천한 사람보다 더 존경하지 않는 사람은 거의 없다. 대부분의 사람들은 후자의 진실하고 확실한 공로보다도 전자의 오만과 허영에 훨씬 더 감탄한다… (중략) 그러나 우리는 그것들이 거의 언제나 사람들의 존경을 받아 왔다는 사실을, 따라서 그것들은 어떤 점에서는 존경의 자연적 대상으로 간주될 수도 있다는 사실을 인정하지 않을 수 없다.'

— 도덕 감정론에서

〈도덕 감정론〉의 다른 부분에서 스미스는 "정신적으로 뛰어나다", "사회적인 지위가 있다" 등은 그 사람의 행동에 권위를 주고 주위 사람들이 존경하고 따르기 쉽게 만든다고 했다. 이것은 납득할 수 있고 타당한 감정이다. 이것이 존경을 부르는 사람의 조건이 되고 있는 것이다.

그리고 더욱 중요한 것으로 스미스는 부를 가진 사람은 권위를 갖기가 한층 쉬워진다고 생각했다. "가난한 자는 부자에 대해 존경을 표하는 성향이 강하다. 따라서 부유하다는 것만으로 존경의 마음을 갖기 쉽다"는 것이다.

　요컨대 부자는 가난뱅이보다 세상의 동감과 칭송을 얻기 쉬운 것이다. 같은 행동을 해도 부자 쪽이 칭송을 받는다. 따라서 칭송을 받기 위해서 경제적으로 부유해지려고 하는 감각이 싹트는 것이다. 다만 그가 부자인지 가난한지에 따라 그에 대한 평가가 달라진다는 것은 본질적인 것이 아니다. 이런 평가는 표면적인 것이지 결코 본질적인 것이 될 수 없다. 하지만 세상은 그렇게 판단을 하는 경우가 많다. 그리고 그러한 본질적이지 않은 평가에 좌지우지되는 것이 '경박한 사람'인 것이다. 그렇기 때문에 무턱대고 다른 사람의 동감을 얻으려고 하는 경박한 사람은 부를 얻으려고 필사적이 되는 것이다. 세상의 표면적인 평가와는 별개로 경제적으로 부유해지는 것은 좋은 것이라고 생각한다. 그렇다면 현명한 사람은 그렇게 생각하지 않는 것인가? 부를 추구하지 않는 것인가?

　세상의 관점에서는 부가 많으면 많을수록 '좋은 상태'가 된다. 그런 눈으로 다른 사람을 보기 때문에 '보다 더 부자는 보다 더 좋은 상태'가 되는 것이다. 그리고 그런 세상의 평가를 중시하는 경박한 사람은 부를 추구한다.

　하지만 현명한 사람은 확실한 자신감을 가지고 본질을 바라보고 '부의 본질'을 냉정하게 꿰뚫어본다.

부의 본질이란 무엇인가?

한 마디로 표현하면 "최소한은 필요하지만 그 이상은 무의미하다"는 것이 본질적인 부의 관점이다. 현명한 사람이 필요 이상의 부를 추구하지 않는 것은 필요 이상으로 부가 있어도 행복감은 늘지 않는다고 인식하고 있기 때문이다.

우리는 일반적으로 부가 늘어나면 그만큼 행복감도 늘어난다고 생각한다. 그래프(1)과 같은 이미지이다.

그렇지만 이 그래프는 틀렸다. 스미스의 생각을 바탕으로 수정하면 그래프(2)와 같이 된다. 먼저 스미스는 최저한의 부를 얻지 못한 상태는 행복하지 않다고 말한다. 즉, 부가 일정 수준 이하로 줄어들면 행복감은 제로가 되는 것이다.

이 그래프에 현명한 사람의 사고방식을 반영시키면 (3)과 같은

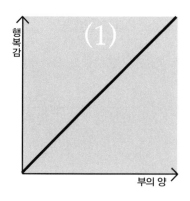 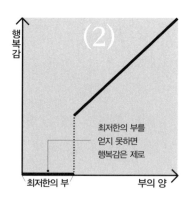

그래프가 된다. 현명한 사람은 일정 이상의 부를 얻어도 행복감이 늘지 않는다고 인식하고 있기 때문에 부가 늘어나도 행복감은 변하지 않는다는 그래프가 되는 것이다.

세상은 부유한 사람과 권세가를 칭찬하는 경향이 있다. 하지만 현명한 사람은 그런 표면적인 평가나 칭찬을 받고 싶어 하지 않기 때문에 부를 추구하지 않는다. 또한 필요이상의 부가 있다고 해서 자신이 더 행복해질 수 있는 것은 아니라는 것을 깨닫고 있다. 자신이 소비할 수 있는 부는 한정되어 있기 때문에 그 이상을 손에 넣어도 다 쓸 수 없는 것이다. 100인분의 음식을 받아도 1인분 밖에 먹지 못한다. 필요한 몫(1인분) 이상을 제공받아도 만족감과 행복감은 늘지 않는 것이다. 따라서 현명한 사람은 필요 이상의 부를 추구하지 않는다. 결과적으로 현명한 사람은 경제발전의 원동력이 되지 않는 것이다. 반대로 경박한 사람은 세상의 동감과 칭찬을 얻고 싶어 하는 탓에 부를 추구한다. 그리고 스미스는 그것이 경제발전의 원동력이 된다고 생각했다.

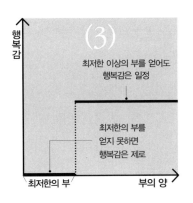

'신의 보이지 않는 손'의 개념

애덤 스미스는 '경제학의 아버지'라고 불린다. 또한 케인스가 나올 때까지의 경제학은 "스미스 이후로는 모두 같다"고 말하는 경우가 많았다. 이런 식으로 생각하면 현재의 경제학 이론을 만들어낸 것이 스미스라고 생각할 수도 있다. 하지만 사실은 그렇지 않다.

분명 애덤 스미스는 경제가 어떤 메커니즘으로 움직이고 있는지를 해명하고 어떻게 하면 확대해 가는지에 대해 하나의 해답을 제시했다. 또한 경제가 움직이고 있는 메커니즘은 정치나 사상이라는 외부의 요소에 영향을 받지 않고 자율적으로 기능하고 있다는 것도 발견했다. 그로 인해 경제학은 독립된 학문이 되었다고 할 수 있다. 그런 의미에서 스미스는 '경제학의 아버지'다. 하지만 그렇기는 해도 스미스는 현대 경제학에서 배우고 있는 그래프나 수식 등의 분석은 하지 않았다. 스미스가 정리한 것은 논리라기보다 이념에 가까운 것이다.

애덤 스미스의 대명사라고도 할 수 있는 것이 '신의 보이지 않는 손'이라는 개념이다. 이것은 한 마디로 말하면 '인간이 각자 제멋대로 행동해도 신이 세상을 딱 좋은 상태로 조정해주고 있다. 그리고 "인간 한 사람 한 사람에게는 전혀 그런 마음이 없어도 저절로 사회 전체가 잘 돌아간다"는 의미다. 그렇다면 도대체 무엇이 잘 돌아간다는 것일까?

이 책의 앞부분에서도 이야기했지만 스미스는 '신의 보이지 않는 손'이라는 문구를 〈도덕 감정론〉과 〈국부론〉 속에서 각각 한 번씩만 사용했다. 달리 말하면 한 번씩 밖에 쓰지 않았다는 것이다. 그렇지만 사회나 경제의 모든 부분에서 '신의 보이지 않는 손'이 작용하고 있다고 생각한 것은 문맥을 통해 명확하게 이해할 수 있다. 인간 사회가 평화롭게 통합되는 것도 '신의 보이지 않는 손'의 영향'이고 경제가 잘 돌아가는 것도 '신의 보이지 않는 손'의 작용인 것이다.

예를 들어 '상품의 수요량과 공급량'으로 생각해보자. '신의 보이지 않는 손'이 작용함으로써 상품의 수급 균형이 잡히는 것이다. 즉, '신의 보이지 않는 손'이 작용하고 있기 때문에 상품의 수급 균형이 저절로 맞춰지는 것이다.

예를 들어 모두가 갖고 싶어 하지만 수량이 부족해서 살 수 없는 상품이 있다고 해보자. 가령 세상에 의자가 부족하다고 해보자. 그러면 먼저 의자 가격이 오를 것이다. 의자가게 주인은 "이렇게 원하는 사람이 많으니까 값을 조금 올려도 문제없을 거야"라고 생각하며 의자 가격을 올린다. 그리고 이 상황을 본 사람들은 "의자를 만들면 돈이 된다"고 생각하고 의자산업에 뛰어든다. 그 결과

시장에 공급되는 의자의 수가 늘어 결과적으로 사고 싶은 사람이 모두 의자를 살 수 있는 상태가 되는 것이다. 그런데 사람들이 의자산업에 점점 뛰어들어 의자가 남기 시작했다. 그렇게 되자 이번에는 반대로 의자 가격이 떨어졌다. 그 결과 "이제 의자를 만들어도 돈이 안 돼. 다른 직업을 선택하자"며 의자산업에서 철수해간다. 따라서 의자의 공급량이 줄고 사회 전체적으로 딱 적정한 양이 된다. 즉, 일부의 사람만이 만족하는 것이 아닌 팔고 싶은 사람과 사고 싶은 사람이 모두 만족할 수 있는 상태가 되는 것이다.

여기서 중요한 것은 각자 세상을 위해서 행동하는 것이 아니라는 점이다. 전체 의자의 수급 균형을 유지하려고 하는 것이 아니라 단지 자신이 이익만 생각해서 진입과 퇴출을 판단하고 있는 것이다. 각자 자신의 이익만 생각하고 있는데도 전체가 최적의 결과를 낳고 있는 것이다. 냉정하게 생각하면 굉장히 신기한 일이다. 따라서 '신의 행위' 또는 '신의 보이지 않는 손'이라고 생각하지 않을 수 없는 것이다.

마찬가지로 중요한 것은 '신의 보이지 않는 손'이 작용하는 것은 각자가 이기심에 따라 자유롭게 행동하고 거래할 수 있었기 때문이라는 점이다. 규제나 법률에 얽매어 자유로운 경제활동이 이뤄지지 않는다면 '신의 보이지 않는 손'은 작용하지 않는다.

이 '신의 보이지 않는 손'의 이론은 현대 경제학으로도 이어지고 있다. 그것이 '수요와 공급의 법칙'이다. 수요와 공급의 법칙이란 수요곡선과 공급곡선이 교차하는 부분에서 가격과 거래량이 결정된다는 법칙이다. 경제학을 공부할 때 가장 먼저 보게 되는 이론이다. 이 이론은 '신의 보이지 않는 손'의 개념과 완전히 같은 내용이다. 즉, 부족한 상품은 가격이 올라가면 동시에 공급량이 늘어나고 남는 상품의 가격이 내려가면 동시에 공급량이 줄어든다는 것이다.

고전학파 경제학 이론

'경제학의 아버지', '고전학파 경제학의 시조'라고 불리는 애덤 스미스이지만 현대에 계승되고 있는 고전학파 경제학을 스미스 혼자서 만든 것은 아니다. 오히려 우리가 생각하는 고전학파 경제학은 스미스를 제외한 다른 사람들에 의해 만들어졌다고 해야 할 것이다.

고전학파 경제학은 애덤 스미스 이후, 20세기에 존 메이너드 케인스(1883년~1946년)가 제창한 이론으로 "공급이 수요를 만들어낸다", "수요량은 결국 공급량과 같아진다"는 이론이다. 즉, "상품에 재고나 품절이 발생해도 결국은 생산한 양만큼 거래된다"는 법칙이다. 그렇다면 얼마만큼 생산하든지 반드시 다 팔린다는 것인가?

　그렇게 말하면 위화감이 생겨나고 쉽게 납득되지 않을 것이다. 하지만 어떤 전제조건을 붙임으로써 이 논리가 성립되는 것을 이해할 수 있다. 그 전제조건이란 그 상품의 가격이 무한으로 변화하는 것이다. 즉, 품절이 발생하면 점점 가격이 높아지고 재고가 쌓이면 제한 없이 가격이 내려간다는 전제이다.

　수요량은 상품의 가격에 따라 변화한다. 가격이 높으면 수요가 적다. 하지만 그 상품의 가격이 큰 폭으로 인하되면 "그렇다면 살까?"라고 수요가 늘어나는 것이다. 따라서 설령 당시의 가격으로 수요량은 공급량이 되지 않더라도 가격이 변화함으로써 언젠가는 수요량이 공급량에 맞춰 지는 것이다. 공급량은 일정하고 수요량이 거기에 맞춰 변화한다는 것이다. "수급 균형이 조정되는 과정에서 공급량은 일정(변함없음)하다고 생각하는" 것이 핵심이다.

　다만 스미스는 이 '세이의 법칙'에 대한 개념을 갖고 있지 않았다. 애초에 세이는 자칭 '스미스의 제자'로 스미스보다 훗날에 등장한 경제학자다. 따라서 스미스의 이론에 이 법칙은 반영되어 있지 않다.

　앞서 의자를 예로 들어 설명했듯이 스미스는 수요에 의해 공급량이 달라진다고 생각했다. 수요가 많으면 다른 부문에서의 진입이 발생하고(그 비즈니스를 시작하는 사람이 늘어난다.) 공급량에 비해 수요량이 적으면 퇴출이 일어난다(그 비즈니스를 그만두는 사람이 있다)는 것이 스미스의 생각이었다. 즉, 공급량도 변한다고 생각했던 것이다. 이것은 〈국부론〉에 명기되어 있다.

지금까지의 스미스의 주장을 정리해보자.

경제가 발전하는 전제조건

* '부'란 필수품, 편익품을 말한다.
* 노동이 부를 만들어낸다.
* 분업이 생산성을 비약적으로 확대시킨다.
* 자본축적이 분업을 돕고 촉진시킨다.
* 다만 분업이 사회에 침투하기 위해서는 효율적인 시장과 자유거래가 반드시 필요하다.
* 자유거래를 하면 이기심에 입각해 최적의 비즈니스를 전개한다.
* 자유경쟁·자유거래가 행해지면 과잉 상품의 생산량은 줄고 부족한 상품의 생산량은 늘어난다.

이것이 '경제가 발전하는 조건'으로 스미스가 주장했던 것이다.

현대 사회에 보내는 메시지

이제 스미스가 중상주의를 비판한 이유를 이해했을 것이다. 또한 중상주의나 국가에 의한 규제는 경제전체에 '해(害)'라는 것도 납득했을 것이다. 그리고 스미스의 주장을 듣고 자유경제는 돈 벌기 주의고 약자 소외론자라고 비난하는 사람도 없을 것이다. 스미스의 주장을 이해함으로써 각자 자유롭게 경제활동을 하는 것이 얼마나 국가 전체의 발전에 이익이 되고 반드시 필요한 것인지 깨달았을 것이다.

기득권의 이익을 지킬 뿐인 부당한 규제는 없어져야 한다. 또한 정부가 국민을 대신해 자금의 사용처를 결정해서는 안 된다. 규제나 독점을 없애고 각자가 자유경쟁 자유거래를 하도록 만들어야 한다. 그것이 국가 전체를 위한 일이다. 많은 사람이 이 주장을 납득할 것이다. 현대의 경제상황을 돌이켜보면 당시 영국과 같은 상황임을 알 수 있다.

지방자치제는 중앙부처의 허가가 없으면 지방의 작은 공사조차 할 수 없는 경우가 있다. 지방이 알아서 결정하는 것이 아니라 국가가 대신 결정하는 것이다.

전기 가스 수도는 독점되어 있기 때문에 우리가 이 재화들의 공급자를 고를 수 없다. 그 결과 공급 측의 경쟁이 일어나지 않아 전기, 가스, 수도요금은 구미 여러 나라에 비해 30%에서 50%나 높게 설정되어 있다. 그것을 소비자는 감수하며 받아들일 수밖에 없는 것이다.

농업과 어업에는 거액의 보조금이 지급되지만 동시에 새로운 진입은 할 수 없게 규제되어 있다. 농업이나 어업은 잘 지켜서 후손에게 물려줘야 한다. 다만 그러기 위해서는 농업과 어업을 하고 싶어 하는 사람들을 새롭게 받아들이거나 효율적인 방법으로 경영할 수 있도록 지원해야 한다. 하지만 농업과 어업은 이권에 막혀 그것이 이뤄지지 않고 있다.

즉, 현대 사회에서도 정부의 규제 때문에 자유로운 경제 활동이 저해되고 있는 상황이 있다. 독점이 만연하고 소비자의 이익이 무시당하고 있는 상황이 발생하고 있는 것이다.

각각 복잡한 사정이 있다는 것은 충분히 짐작할 수 있다. 또한 모든 것을 자유롭게 풀어줘야 한다는 터무니없는 주장을 하는 것이 아니다. 당사자는 "이런 경우에는 어쩔 수 없다", "규제 때문에 엄중히 다스려야 한다"고 주장할 것이다. 정말로 그런 것일 수도 있다. 다만 "이런 경우에는 어쩔 수 없다"라고 주장할 때, 내면의 재판관에 위배되고 있는 것은 아닌지 스스로를 되돌아볼 필요가 있다. 단지 자신이 경쟁 상황에 놓이고 싶지 않기 때문이라면 그것이 정당한 대결에 위배되고 있다는 것을 자각해야 한다.

4 경제발전은 왜 필요한가?

세상은 가난한 사람을 '무시'한다.
그리고 가난한 사람은 세상이 그렇게
바라보고 있는 것을 이미 잘 알고 있다.

그는 가난 때문에 사람들의 시야 밖에 놓여 있다고 느낀다. 그리고 비록 자신이 주목을 받더라도 사람들이 그가 당하고 있는 비참함과 고통에 대한 동류의식을 거의 느끼지 못한다고 생각한다.

―도덕 감정론에서

경제발전이 초래하는 것

부를 추구하는 것은 경박한 사람이 하는 행위이며 현명한 사람은 안에 담겨있는 본질을 보기 때문에 필요 이상의 부를 얻고자 하지 않는다. 이 말만 놓고 보면 스미스는 경제발전을 '불필요한 것' 또는 '악(惡)'으로 생각했던 것 같이 보인다. 그러나 그렇지 않다. 스미스는 경제발전을 '필요한 것', '선(善)'이라 여겼다. 〈국부론〉도 마찬가지로 부의 원천을 명확히 밝히는 것을 목적으로 저술했으며 그 근원을 밝힘으로써 경제발전을 도모하고자 했다.

개인이 부를 추구하는 것은 반대했으나 국가 전체의 경제발전에는 찬성표를 던진 것은 어찌 보면 그의 주장에 모순이 있어 보인다. 하지만 여기에는 의외의 사상이 숨어있다.

"필요 이상의 부가 있어도 행복감은 늘지 않는다." "필요 이상의 부를 추구하는 것은 경박한 사람이다."라고 주장한 스미스가 왜 경제발전이 필요하다고 생각한 것인지, 우리는 다시 살펴 볼 필요가 있다.

스미스가 살았던 당시의 영국은 18세기였다. 학교에서 배운 세계사 책에는 18세기 영국을 '산업혁명'이 일어나고 경제가 혁명적으로 변화했으며 성장한 시기라고 설명하고 있다. 그러나 실제로 산업혁명이 본격적으로 경제를 바꾸기 시작한 것은 19세기에 들어서면서 부터이다. 스미스가 살던 시대에 혁명적인 발명들이 발표된 것은 사실이지만 그것들이 실용화된 것은 한참 뒤의 일이다.

1759년 〈도덕 감정론〉 출판. 스미스 36세

1767년 제니 방적기 발명. 스미스 44세

1769년 수력 방적기 발명. 스미스 46세

1776년 〈국부론〉 출판. 스미스 53세

1776년 와트의 증기동력기관이 영리활동으로 사용됨.

1785년 카트라이트가 증기기관을 이용한 역직기(力織機) 발명.

앞서 말했듯이 당시의 영국은 사회, 경제 상황이 성숙해가는 시기였으므로 많은 빈곤층이 존재했다. 직업도 없이 최저한의 생계조차 불안정한 사람이 전체 인구의 10% 이상이었다. 실업률이 '10% 이상'이었던 것이 아니라 최소한의 생활을 하지 못하고 있는 사람들이 '10% 이상'을 차지하고 있었다. 스미스는 이런 사회 현상을 반드시 개선해야 한다고 생각했으며 이런 현실을 개선하기 위해서 경제발전이 불가피하다고 생각했다. 즉, 스미스가 경제발전의 필요성을 역설한 것은 "더 많이 벌어 더 많은 이익을 갖자!"라는 의미를 가지고 있는 것이 아니었다. 그가 말하고자 한 것은 '부자들을 위한 번영'이 아닌 '빈민구제를 위한 번영'인 것이다.

거듭 강조하지만 현대의 경제학자들 중에는 애덤 스미스를 자유방임주의자 혹은 사리사욕의 추구를 장려한 이익주의자로 오해하는 사람들이 매우 많다. 물론 스미스는 자유 시장 거래를 장려하기는 했다. 하지만 결과적으로는 그것이 국민 전체의 행복과 연결된다고 믿었다.

자유거래를 장려한 배경에는 이익 추구의 결과로써 많은 국민(빈민)이 구제될 것이라는 확신이 있었기 때문이었다.

스미스의 이런 이념은 〈국부론〉에 명확히 제시되어 있다.

의역

하층 계급으로 살아가는 사람들의 생활을 개선하는 일은 사회에 있어서 이익인가, 불이익인가? 이것은 명확히 말해 이익이다. 국민의 대다수를 차지하는 층이 불행하다면 결코 그 사회는 행복해질 수 없다.

원문

하층민의 생활 조건이 이렇게 개선된 것은 사회에 유리하다고 보아야 할 것인가, 아니면 불리하다고 보아야 할 것인가? 여기에 대한 대답은 언뜻 보아도 너무나 명백한 것 같다. 여러 종류의 하인, 노동자, 직공은 어떤 정치 사회에서도 압도적인 다수를 이루고 있다. 그러나 이 대부분의 생활 조건을 개선하는 것이 전체에

있어서 불리하다고 여겨져서는 절대로 안 된다. 구성원의 압도적
인 대다수가 가난하고 비참한 사회가 번영하고 행복한 일은 결코
있을 수 없다.

— 국부론(1)에서

당시 사회의 대다수는 하인이나 노동자였다. 지주도 자본가도
아닌 일반 노동자가 국민의 대부분을 차지하고 있었던 것이다. 노
동자들의 생활이 힘들다는 것은 곧 그 나라 국민의 대다수가 힘들
다는 것을 의미한다. 그런 나라가 행복할 리 만무하다. 그러므로
스미스는 비록 미미할지라도 그들의 생활을 개선해야 할 필요가
있다고 생각했다.

반면 필요 이상의 부를 추구하는 행동에 있어서는 경멸스런 시
선을 보냈다. "대부분의 부자들에게 최고의 쾌락이란 그 부를 과
시하는 것에 있다"는 꽤 거센 비난을 하기도 했다. 그러나 경멸해
마땅한 '부의 쟁탈전'에 관해 스미스는 긍정의 의견을 표했다. 왜
냐하면 그 결과 일반 대중이 구제되기 때문이다.

부와 명예를 도모하는 경쟁은 실로 수긍할 수 없는 것이지만 결
과적으로 일반 대중의 생활을 향상시키므로 불가피한 것이라는 의
견을 가지고 있었다. 이것을 경제발전을 정당화하기 위한 구실에
불과한 것으로 보는 견해도 있지만 그것은 아니다. 스미스는 〈도

덕 감정론〉에서 부를 추구하는 행동을 '허영'이라 지칭했다.

"탐욕과 야심, 부와 권력 및 최고를 추구하는 목적은 무엇인가?"라고 쓴 후 그는 "우리의 관심을 끄는 것은 안락이나 즐거움이 아니라 허영이다"라고 덧붙였다. 〈도덕 감정론〉을 쓴 당시만 하더라도 스미스는 탐욕과 야심이 사회적 복지와 이어진다고 생각하지 않았다. 하지만 17년 뒤 출판된 〈국부론〉에서 그는 부를 추구하는 것은 사회복지와 연관되어 있는 것이라고 언급하며 거기에 새로운 의미를 부여했다. 이것은 처음에는 반대의 입장을 가지고 있었지만 시간이 지나 용인한 것으로 해석되어야 할 것이다.

거듭 강조하지만 스미스는 부를 추구하는 탐욕스러운 경쟁은 경멸해 마땅하다는 생각을 가지고 있었다. 이 부분이 의외라고 여겨질 수도 있으나 스미스의 경제관을 이해하는데 있어서 빠뜨릴 수 없는 중요한 부분이다. 그러나 그 탐욕스런 경쟁은 국민 대다수의 복지, 즉 생활수준의 개선과 이어지므로 결국 '필요악'이었던 것이다.

경제발전이 정말 일반 대중을 구제할 수 있는가? 경제가 발전된다 해도 결국 일부의 사람만 부자가 되는 것 아닌가?

물론 처음에는 일부의 사람만이 부유해질 거라 생각된다. 그러나 그것으로 끝이 아니다. 경제발전의 원동력이 되는 것은 '경박한 사람'이다. 경박한 사람은 다른 사람에게 부러움을 사기 위한 일념

하나로 많은 부를 쌓고 싶어 한다. 그리고 그 결과, 많은 부를 손에 넣었다고 한다면 경박한 사람은 다시 허영을 부리며 자신이 얻은 부를 주위 사람들에게 과시하고자 할 것이다. 즉, 호유(豪遊, 큰돈을 쓰며 호화롭게 놂)하기 시작할 것이다. 예를 들어 이런 것이다.

많은 양의 농산물을 수확한 지주는 부유해진다. 그러다 곧 "지위에 걸맞은 생활을 하고 싶다" 혹은 "안락하며 모두에게 부러움을 사는 삶을 살고 싶다'라는 생각을 하게 된다. 그 결과 지주는 남은 농산물을 팔아(혹은 농산물 자체를 대가로 하여) 많은 하인들은 고용하게 되고 더 나아가 사치스러운 요리와 호화스런 물건, 옷 등을 소비하고자 할 것이다. 이 과정에서 노동력이나 그 외의 여러 상품에 대한 수요가 증가한다. 또한 일자리가 창출되어 가난한 사람들에게는 급료가 지급될 것이다. 이와 같이 점점 부가 분배되어 간다. 지주가 허세를 부리며 호화롭게 노는 모습을 상상하면 여간 기분이 찜찜한 것이 아니다. 하지만 그 호유(豪遊)의 결과, 지주가 수확한 식량들이 주위 사람들에게 돌아가고, 더 많은 사람들이 일자리를 찾을 수 있게 된다.

만약 지주에게 그런 허세를 부리고자 하는 '허영심'이 존재하지 않았다면 더 많은 부를 손에 넣으려는 마음조차 들지 않았을 것이다. 그리고 그 부가 주위 사람들에게 분배될 일은 더더욱 없었을 것이다.

지금은 지주를 예로 들어 설명했지만 이 이론을 자본가의 경우에 빗대어 설명해보아도 마찬가지이다. 자본가도 스스로 벌어 들인 이익들을 이용해 호화롭게 지내며 더 많은 사치품을 사 들일 것이다. 그 결과 수요가 많아지고 고용이 늘게 되어 경제는 발전해 나간다. 이와 같이 일부의 부유한 사람들이 일반 국민들에게 부를 분배함으로써 식량 등의 생활필수품이 사회를 순환하게 된다. 그 결과 빈곤이 감소되어 사회는 발전해 나가는 것이다. 성공한 자본가가 비즈니스를 확장하면 일자리가 늘어나게 되어 실업률이 줄어드는 것 역시 '사회 복지'라 말할 수 있다.

단, 부를 추구하는 지주나 자본가들 스스로가 이런 사회 복지를 염두에 두고 있었던 것은 아니다. "가난한 자들을 위해 일자리를 마련하고 여러 물건들을 사들여야겠다"는 생각을 한 것은 아니라는 말이다. 어디까지나 각자 개인의 이익을 위해 행동한 결과물이다. 여기서도 '신의 보이지 않는 손'에 의해 행동 하고 있는 것뿐이다. 스스로 의도하고 있었던 것은 아니지만 '신의 보이지 않는 손'에 이끌려 결과적으로는 빈민 구제라는 사회 복지를 낳은 것이다.

'실업'과 경제발전의 목적

주위의 평가보다 스스로 내리는 평가를 중요시하는 사람이 현명한 사람이다. 그러나 제아무리 주위의 시선을 신경 쓰지 않는다고 해도 세상의 어떤 시선 앞에서도 당당할 수는 없는 것이다.

인간은 주위의 동감을 절실히 얻고 싶어 하는 동물이다. 이것은 경박한 사람이건 현명한 사람이건 크게 다르지 않다. 단지 현명한 사람은 세상의 평가보다 본인의 마음 속 목소리를 중시하기 때문에 스스로 납득이 가지 않으면 아무리 세상 사람들이 인정하더라도 기뻐할 줄 모른다.

그러나 아무리 자신의 마음 속 목소리를 중시한다고 한들 세상의 어떤 소리 앞에서도 아무렇지 않게 평정심을 유지하고 있을 수는 없다. 현명한 사람이라 해도 세상이 그에게 부당한 평가(비난)를 내린다면 마음 속 평온을 잃게 될 것이다. 내면의 재판관이 "나는 틀리지 않았어"라고 아무리 계속 말을 해도 세상의 비난 앞에서는 당황할 수밖에 없다.

예를 들어 당신이 전혀 예상도 못했던 말도 안 되는 구설수에 휘말렸다고 가정하자. 물론 당신은 아무 잘못이 없으며 당신의 내면의 재판관 역시 "너는 틀리지 않았어"라고 말해 줄 것이다. 그런데 세상에서 당신을 유죄로 치부해 버린다면 그때도 "나는 내가 아무 잘못이 없는 걸 알고 있어"라며 냉정하게 판단을 내리고 세상의 평가를 무시할 수 있을까? 대답은 'NO'이다. 아무리 현명한 사람이라 해도 부당한 비판 앞에서 마음의 평정심을 유지하기란 어려울 것이다. 그렇다면 그것과 실업이 무슨 관계가 있는가?

간단하게 말하자면 세상은 실업자에 대해 앞 뒤 생각 않고 무조건 '쓸모없다'는 딱지를 붙여버린다. 실업자인 당사자의 사정을 헤아려보기 전에 실업이란 '악'이며 변변찮은 것이라고 단정 지어버리는 것이다.

실업자 본인에게는 여러 가지 사정이 있을 수 있다. 그 당시는 지금처럼 노동 환경이 좋지 않았을 뿐만 아니라 일자리 자체가 적었으며 제 아무리 노력을 해도 일자리를 확보하기가 어려웠다. 자본가가 신흥세력으로서 등장한 시기였지만 아직 봉건사회의 요소가 짙게 깔려 있는 시기이기도 했다. 가난한 집에서 태어난 사람이 자신의 노력만으로 일자리를 찾아 살아가는 것은 상당히 어려웠을 것이다.

그러나 세상은 이런 사정을 전혀 배려해 주지 않는다. 묻고 따지는 일 하나 없이 실업자를 그저 무시할 뿐이었다. 게으른 탓에 직업을 잃은 거라면 당연한 일이라고 생각할 수 있겠지만 아무리 노력해도 미치지 못하는 사회에서 실업자가 된 것인데 아랑곳하지 않고 세상은 그들을 비난하는 것이다. 그야말로 누명을 쓴 거나 마찬가지다.

이런 상황이라면 제아무리 현명한 사람으로서 한평생 살아 왔다 해도 마음의 평정심을 유지할 수 없을 것이다. 실업이라는 것은 상처를 줄 뿐만 아니라 그의 마음까지 어지럽힌다.

의역

세상은 가난한 자를 무시하고 경시한다. 또는 그(또는 그녀)들의 어려움을 이해하려 하지 않는다. 그리고 가난한 사람은 세상이 그렇게 바라보고 있는 것을 이미 잘 알고 있다.

원문

그는 가난 때문에 사람들의 시야 밖에 놓여 있다고 느낀다. 그리고 비록 자신이 주목을 받더라도 사람들이 그가 당하고 있는 비참함과 고통에 대한 동류의식을 거의 느끼지 못한다고 생각한다."

— 도덕 감정론에서

이처럼 실업자는 정신적으로도 추궁을 당한다. 실업 상태라면 수입이 없으므로 경제적으로 고통 받는 것은 자명한 사실이다. 그러나 그 뿐만이 아니라 세상 사람들은 실업자를 차가운 눈으로 바라보며 그들에게 정신적 고통을 맛보게 한다. 여기서 우리는 정신적으로 추궁을 당하고 정서적으로 불안정한 상태가 되는 부분에 주목해야 한다.

앞서 이야기 했듯이 스미스는 마음의 평정을 굉장히 중요하게 생각했다. 스미스는 〈도덕 감정론〉을 통해 현명한 사람의 삶의 방식을 권장하고 있다. 현명한 사람으로 살아감으로써 마음의 평정을 얻을 수 있기 때문이다. 그만큼 마음의 평정은 중요한 의미를 갖는다. 그런데 아무리 스스로 현명한 사람으로 살며 마음의 평정을 얻으려 노력해도 세상이 그 평정을 뒤흔들어 버린다면 아무 의미가 없다.

즉, 스스로가 마음의 평정을 유지함과 동시에 세상도 그 평정을 뒤흔들지 않는 상태로 만들어줘야 한다는 것이다. 따라서 실업이 없어져야 한다는 결론에 도달하게 된다.

그렇다면 국가가 실업자를 지킬 수 있는 제도를 만드는 것은 어떤가? 경제적인 면을 지탱해 줄 수 있다면 그것도 가능하다. 생활 보호 차원에서 단순히 최저생계를 꾸릴 수 있을 만큼의 보장을 해준다거나 혹은 사회주의국가나 복지국가와 같이 국가가 보조금을 지급해줌으로써 국민의 생활을 지켜주면 될 것이다. 그렇다면 적어도 가난하기 때문에 건강을 해치는 일 따위는 없어질 것이다.

그러나 스미스는 이렇게 하는 것만으로 문제는 해결되지 않을 거라 생각했다. 왜냐하면 실업자가 고통 받는 이유는 경제적으로 최저한의 생활만 겨우 할 수 있는 부를 가지고 있는 것, 이 한 가지 이유 때문만이 아니기 때문이다. 실업자를 괴롭히는 것은 세상의 시선이나 세상이 나를 인정해주지 않는 것에서 오는 정신적인 고

통과 같은 것들이다.

가난한 집에서 태어났으며 실업이 자신의 책임이 아니라고 해도 세상은 여전히 그를 책망한다. 이것이 극도의 고통을 안겨주는 것이다. 이는 아무리 만족스러운 생활을 보장해준다고 해도 해결되지 않을 문제이다.

만약 "저 사람은 생활 보호를 받으며 살고 있대"라는 말로 세상이 그를 업신여긴다면 그는 그런 말로 인해 계속 상처를 받을 것이며 평정심을 유지하기 어려워 질 것이다. 이런 상황은 결코 돈으로 해결될 수 있는 문제가 아니다.

스미스는 실업자에게 필요한 것은 '베푸는 것'이 아닌 '일자리'라고 생각했다. 일을 할 수 있게 되면 경제력은 따라오기 마련이다. 또한 빈곤함 때문에 건강을 해치는 일도 사라질 것이다. 그보다 더 중요한 것은 세상의 경멸어린 시선 때문에 그동안 겪어온 고통에서 벗어날 수 있을 거라는 점이다. 일자리가 생기는 것만으로도 경제적인 문제 해결과 마음의 평정을 되찾는다는 두 마리 토끼를 잡을 수 있다. 바로 이런 이유들 때문에 '경제발전'이 더욱 필요로 해진다.

이쯤에서 다시 한 번 스미스가 주장한 '경제발전의 목적'에 대해 정리해보자.

스미스가 경제발전을 지향한 배경에는 "더 풍족하게!"가 아닌 "빈곤층에게 부가 돌아갈 수 있도록"이라는 전제가 깔려있는 것이라고 앞서 설명했다. 국내 시장이 어려워지면 최저한의 생계를 꾸리지 못해 고통스러워하는 사람이 생겨난다. 그 때문에라도 부를 늘려야만 한다. 자유거래로 분업이나 자본 축적을 촉진시켜 세상에 자신이 가진 부를 과시하기 위해 열심히 일하는 사람이 필요했다(설령 그 동기가 '시답잖은 허영심'때문이었다 할지라도!). 모든 것은 빈민 구제를 위함이었다.

그러한 스미스의 사상은 여기에서도 마찬가지로 적용된다. 스미스는 경제발전을 통해 더 많은 일자리를 창출해내는 것은 실업자 비율을 줄이는 결과를 가져오며 이것이 결국 국민의 행복으로 이어진다고 생각했다. 따라서 경제발전이 필요했다. 스미스가 살았던 시대의 10% 이상의 국민들이 빈곤층이었던 것을 떠올려보자. 당연히 실업률은 그보다 높았을 것이 분명하다. 경제가 발전하지 않는다면 일자리도 늘어나지 않을 것이고 실업자 역시 계속 실업자로 있을 수밖에 없었다. 이 같은 상황을 '철학자 애덤 스미스'는 어떻게든 해결하고 싶다는 일념뿐이었다.

스미스의 견해에 따르면 경제발전은 세상의 시선을 신경 쓰는 경박한 사람에 의해 시작된다. 그는 이 탐욕스런 태도와 경쟁을 도덕적인 측면에서는 강하게 비판했지만 결과적인 면에서는 그것이 국가 전체의 복지로 이어지므로 '필요악'이라고 설명했다. 경제발전은 필요하다. 단, 모든 수단을 이용해 이익을 취해도 된다는 생각을 가지고 있었던 것은 아니다.

스미스는 경제발전을 국민에게 부를 분배하는 복지와 연결 지어 인식하고 있었다. 하지만 경제발전 자체를 최우선에 둔 것은 아니었다. 경제발전을 위해서라는 핑계만 있다면 무엇이든 용인될 수 있다고 생각한 것은 아니었다는 말이다. 스미스는 부와 지위에 대한 야심은 우리 사회의 번영을 촉진시키는 한편 사회의 질서를 흐트러뜨릴 우려가 있다고 했다. 즉, 인간은 부와 지위를 가지려하는 과정 속에서 혼란, 동요, 강탈과 부정을 일으키며 그것들이 사회를 어지럽힐 가능성이 있다고 생각한 것이다. 그리고 스미스는 그것을 '어쩔 수 없는 일'로 치부하지 않고 '해도 되는 경쟁'과 '해서는 안 되는 경쟁'으로 구분 지었다. 스미스가 인정한 것은 '공정한 경쟁'의 규칙에 기초한 경쟁과 그로 의한 경제발전이다.

공정한 경쟁

공정한 경쟁이란 요컨대 다른 사람의 길을 방해하지 않고 정정당당하게 경쟁하는 것을 말한다.

의역

부나 명예를 추구하기 위해 온 몸의 신경을 곤두세우며 온 힘을 다해 '달리는 것'은 중요하지 않다. 단, 누군가의 길을 방해하거나 상처를 입히거나 비겁한 수단을 사용할 경우는 세상도, 스스로의 '양심'도 용납하지 않는다.

원문

부와 명예와 높은 지위를 향한 경주에서 사람들은 다른 경쟁자들을 이기기 위해 온힘을 다해 달리고, 자신의 정신적, 육체적 노력을 다 기울일 것이다. 그러나 만약 그가 자기 경쟁자들 중 어느 누구를 밀어제치거나 넘어뜨린다면, 방관자들의 관용은 거기서 완전히 끝난다. 그것은 공정한 경쟁을 위반하는 것으로, 방관자들은 그것을 용납할 수 없다. …(중략) 행위자의 죄의식도 그렇고 방관자가 느끼는 동감적 분개의 감정도 마찬가지로 커진다.

— 도덕 감정론에서

남보다 더 높은 곳으로 올라가기 위해서는 두 가지 방법이 있다. 첫 번째는 끊임없는 노력을 통해 스스로의 힘으로 남들보다 위로 올라가는 방법. 그리고 다른 한 가지는 상대의 길을 방해하거나 속이고 상처를 입혀 상대를 배제하는 방법이다. 전자는 자신의 노력에 의한 것이므로 스스로의 실력을 향상시킬 수 있으며 이 방법을 이용해 이기는 것은 공정한 경쟁의 정신에 입각한 것으로 볼 수 있다.

　그러나 후자는 전혀 다르다. 물론 이 방법을 이용해 다른 사람보다 위로 올라갈 수는 있다. 하지만 이런 경우는 자신의 위에 있는 사람을 떨어뜨리는 것이기 때문에 그저 상대적으로 자신이 상대보다 윗자리에 올라가는 것에 불과하다. 능력도 전혀 향상된 것도 아니며 방법 자체가 대단히 비겁하다. 스미스는 이런 방법은 인정하지 않는다. 더 중요한 것은 "내면의 재판관 역시 용인하지 않는다"는 점이다.

　스미스가 말한 공정한 경쟁은 '형사범죄(刑事犯罪) 금지'만을 의미하는 것이 아니다. '규제(기득권익의 보호)'나 '독점' 역시 공정한 경쟁 정신에 위배된다. 이 점에 주목해야 한다. 즉, 스미스가 암시하고자 한 바는 사람에게 상처를 주거나 속이는 짓은 물론이거니와 '자유경쟁을 저해하는 결탁이나 독점, 기득권익의 보호' 역시 금지되어야 한다는 점이다. 독점이나 기득권익을 보호하는 것은 공정한 경쟁이 아니므로 이런 경쟁은 인정할 수 없다는 것이다.

　여기서 다시 한 번 스미스가 '이익 지상 주의자'가 아니었음을 알 수 있다. 단순히 경제발전을 하면 된다거나 이익을 창출해 내기만 하면 된다는 것이 아니다. 그는 도덕적으로 정당한 경쟁만을 인정했다.

현대 사회에 보내는 메시지

이 질문은 영원한 테마로 남을지도 모르겠다. 특히 경제발전과 인간의 행복은 상반된다는 의제로 논의되는 경우가 많고 정답이 없는 철학적인 주제로써 다뤄지기도 한다.

여기서 다시 한 번 '왜 경제발전이 필요한 것인가?'에 대해 생각해 보자. 스미스는 빈곤구제와 실업자 구제를 위해 경제발전은 꼭 해야 하는 것이라고 생각했다. 그러나 현대에서는 이런 스미스의 이론을 그대로 받아들이기 어렵다.

왜냐하면 우리가 사는 세상에는 이미 '부'가 넘쳐나고 있으며 이 이상의 증산은 불필요하기 때문이다. 또한 경제발전을 한다고 해서 실업자가 완전히 사라지는 것도 아니다.

그렇지만 분명 경제가 발전하면 실업률이 떨어지는 것은 사실이다. 일본의 경제도 서브프라임 문제, 리먼 쇼크가 있었던 2007년까지는 GDP가 증가했었고 경기도 확대되었다. 그에 동반해서 실업률 역시 2003년 5.5%에서 2007년에는 4%이하까지 떨어졌다. 그 시기를 '실감나지 않던 경기확대'라고 비유하는데 실로 100만 명 정도(약 360만 명→약 260만 명)의 실업자가 감소했다.

그렇다면, 이대로 계속해서 경제발전을 해 나간다면 실업자는 완전히 사라질 수 있을까? 과연 국민들은 행복해질 수 있을까? 그렇다고 장담할 수 없다. 현대 사회에서는 일을 선택할 수 있기 때문이다. 경제발전을 하면 일자리가 늘어나는 것은 분명하다. 그러나 그 일자리는 누구나가 하고 싶어 하는 일이 아니다. 따라서 단순히 일자리가 늘어나기 때문에 실업자가 줄어들 거라는 결과는 예상하기 어렵다. 또한 일자리가 늘어나는 것이 실업자의 자존심을 회복할 수 있는 기회와 직결된다고도 확신할 수 없다. 이것은 스미스 자신도 미처 생각하지 못한 부분일 것이다.

대학생들의 취업 활동을 살펴보면 '맘에 드는 일자리 고르기'의 경향이 뚜렷하게 보인다. 지방에 위치한 중소기업은 인재부족으로 고민하고 있다. 2012년 봄 졸업예정자 중 2011년 8월 현재, 약 41.5%의 학생들이 '아직 취업을 결정하지 않은 상태'라고 대답했다.

또한 농업이나 임업 등의 후계자가 필요한 산업들도 뒤를 이을 사람이 없어 고민이라고 한다. 결코 일자리가 없는 것은 아니다. 한편 대기업은 많은 수의 지원자들이 몰려들어도 지방 대학의 학생들은 수도권 대학 졸업생들보다 취업률이 현저히 낮은 것이 현재의 상황이다. 그렇지만 일부 대기업에 지원이 쇄도하는 바람에 그 외의 기업들에 지원하는 학생들은 극히 일부라고 한다. 회사를 고른다는 것 자체를 나쁘다고 하는 것은 아니다. 최소한의 생활은 헌법상 보장되어 있기 때문에 그 다음으로 '자아실현'을 중요하게 생각하는 것은 어떻게 보면 당연한 일이다. 단, 그 선택하는 기준이 합리적이어야 한다.

"이름 있는 회사가 아니면 들어가고 싶지 않다."
"월급은 당연히 높았으면 좋겠다."
"하고 싶은 일이 아니면 하기 싫다."

이런 이유라면 아무리 경제가 발전하더라도 실업자는 줄어들지 않을 것이다. 먼저 우리의 의식이 바뀌지 않는다면 스미스의 이론 역시 이 사회에서 제대로 기능할 수 없다.

"경제가 발전해도 우리에게 돌아오는 것은 아무 것도 없다."
"불경기라 일하고 싶은 곳에 취직이 안 된다."
"취업 활동이 어려운 것은 국가의 제도 탓이다."

이렇게 한숨을 내쉬기 전에 스스로의 의식부터 바꿀 필요가 있다. 현대 사회는 생활에 여유가 생긴 만큼 더 많은 사람들이 세상의 시선을 의식하며 살아간다.

"대학까지 나왔으면 적어도 대기업에는 들어가야 창피하지 않다.”

"주위 사람들이 이 정도 수준의 생활을 하고 있으니 나도 그 정도가 아니면 지는 것 같은 기분이 든다.”

이렇게 생각하는 것은 결국 스스로의 목을 조르는 것과 다름이 없다. 스미스가 지적한대로 인간은 다른 사람의 시선을 의식하는 존재이다. 이런 감정들은 예전보다 현대 사회가 더 강한 것 같다. 스미스는 다른 사람의 시선을 의식하는 경박한 사람이 경제발전의 원동력이 된다고 분석했다.

하지만 나는 경제발전을 추구하는 것이나 사회적 지위를 높이기 위해 노력하는 것을 결코 쓸데없는 짓이라고 생각하지 않는다. 스미스는 "다른 사람에게 평가 받고 싶다’, "인정받고 싶다”는 마음으로 노력하는 것을 ‘경박한 행위’라고 말했다. 하지만 나는 경박하기보다 오히려 굉장히 멋진 마음가짐이라 말하고 싶다.

그러나 다른 사람의 시선을 너무 의식하면서 일을 고르게 된다면 이야기는 달라진다. 거기에 상응하는 노력도 하지 않고 그저 남의 시선만 의식하며 좋아하는 일만 재는 것은 스미스가 말한 ‘경박한 행위’에 불과하다. 이런 사람은 아무리 경제가 발전하더라도 경제발전에서 얻을 수 있는 장점을 느낄 수 없을 뿐더러 행복해 지는 것 또한 어려울 것이다.

결론적으로 경제발전은 우리의 행복과 자동으로 연결되어 있는 것이 아니라는 것이다. 경제발전에 의미를 규정하는 것도 우리의 몫이며 의미 있는 것으로 만드는 것 또한 우리의 몫이다. "경제발전이 국민의 행복과 연결되어 있지 않다"고 느낀다면 우선 자신이 가지고 있는 인식을 바꿀 필요가 있다. 이제는 "경제발전에 의미가 있는 것인가?"가 아닌 "스스로 경제발전에서 어떤 의미를 찾을 수 있는가?"에 시선을 돌려야 할 때이다.

5 정부의 역할

사회 전체를 위험에
빠뜨릴지 모르는 개인의 행동은
정부가 금지해야 한다.

사회 전체를 위태롭게 할지 모르는 몇몇 개인의 자유 행사는, 독재정부
이든 자유정부이든 모든 법률에 의해 억제되어 있으며, 또한 억제되어
야 할 것이다.

— 국부론(2)에서

정부의 역할

일반적으로 애덤 스미스라 하면 '자유거래', '규제 반대', '정부의 시장 개입 반대'의 세 가지를 주장한 사람이라는 이미지가 가장 먼저 떠오를 것이다. 물론 우리가 쉽게 떠올리는 이미지가 잘못된 것은 아니지만 일부는 수정이 필요하다. 이 이미지들은 마치 "스미스는 정부를 불필요한 존재로 여겼다"는 식의 오해를 만들어 내기 십상이기 때문이다.

실제로 스미스는 일부분에 있어서는 정부의 역할을 중시했다. 나아가 정부를 없어서는 안 될 존재로 인식하기까지 했다. 스미스는 기본적으로 자신의 이익에 기반을 둔 자유로운 거래를 긍정적으로 보았다. 자유거래는 경제발전을 촉진시킬 뿐만 아니라 부를 증대시키므로 그 결과 빈곤이 줄어들어 국민의 구제와 연결되기 때문이다.

이러한 자유거래가 없다면 사회는 바람직한 경제 성장을 이뤄낼 수 없게 될 것이다. 따라서 자유거래를 방해하는 사회적 규제는 사회의 이익을 해하는 것과 같다고 볼 수 있다.

정부가 시장에 가하는 규제 역시 마찬가지이다. 정부의 시장 개입이 자유거래를 방해하는 것은 곧 사회의 불이익과 직결되는 것이므로 스미스는 정부의 시장 개입을 고운 시선으로 보지 않았다.

이처럼 그는 정부가 시장에 관여하는 것을 반대했기 때문에 지금도 "스미스는 정부를 완전히 불필요한 존재로 여겼다"라고 생각하는 사람들이 많은 것이다. 하지만 그것은 단순한 오해에 불과하다.

스미스가 모든 정부 기능에 반대한 것은 아니었다. 그가 반대한 것은 어디까지나 시장 구조에 대한 불필요한 간섭과 자유거래를 방해하는 행위이며 그 외에 필요한 부분에 대해서는 모두 인정했다. 그 증거로 스미스는 아래의 두 가지 조건을 '경제학의 목적'으로 제시한다.

* 국민이 스스로 필요한 물자와 수입을 손에 넣을 수 있도록 할 것.
* 정부가 공무를 수행함에 있어 필요한 자금을 조달할 수 있게 할 것.

경제학의 제1의 목적은 "국민에게 충분한 부를 분배해서 국민의 생활을 풍요롭게 할 것"과 "국민에게 부를 공급할 방법을 강구할 것"이다. 요컨대 '국민을 위해'가 가장 큰 목적인 것이다. 여기까지는 지금까지 이 책에서 서술해온 내용을 미루어 짐작해 볼 수 있는 내용이다.

그리고 제2의 목적은 "정부(국가)의 활동비를 마련할 것"과 "정부의 활동비 확보를 위한 방법을 강구할 것"이다. 즉, '정부를 위해’가 두 번째로 중요한 목적이라는 뜻이다.

바로 이 문장에서 스미스는 정부의 필요성을 명확하게 말하고 있다.

스미스가 정부의 역할로 제시한 것은 크게 세 가지가 있다. ‘국가를 지키는 일’, ‘경찰과 사법’, 그리고 ‘공공사업(인프라 구축)과 교육’이 그것이다.

위의 세 가지는 민간사업으로는 결코 성립될 수 없는 국가가 주도해야 할 역할이다. 먼저 ‘국가를 지키는 일’을 살펴보자. 국가를 지키는 일을 민간 기업이 대행한다는 것은 상상조차 하기 어렵다. 하물며 기업이 고도 성장을 이룬 현대 사회에서도 대기업이 국가의 대역을 맡는 일이 없는데 시장경제가 이제 막 생겨나기 시작한 중세시대에서는 당연히 불가능한 일이었을 것이다. 따라서 국가를 지키는 일은 당연히 정부가 행해야 할 역할이다.

‘경찰과 사법’ 역시 정부의 역할이다. 치안유지나 옳고 그름의 판단을 민간 기업이 행해서는 안 된다는 것은 이미 우리도 알고 있는 자명한 사실이다. 마지막으로 ‘공공사업(인프라 구축)’이다. 도로나 다리 건설 등 민간 기업이 하기엔 수지 타산이 맞지 않는 대규모 사업은 국가가 할 수 밖에 없다. 공공사업이라는 단어에서 우리는 바로 경기대책이나 부정 정치(혹은 유착이나 뇌물)와 같은 것들을 떠올린다. 그러나 스미스가 말하는 것은 경기대책과 같은 공공사업이 아닌 순수한 '인프라 구축'을 의미한다.

애초에 경기대책을 위한 공공사업이란 발상은 케인스의 경제학 이론에서 출현한 것으로 20세기에 들어와 생겨난 개념이다. 수요가 부족해 정부가 국민과 민간 기업을 대신해 국가자본으로 수요를 늘리고 일자리 창출을 꾀한 것이 그 이론의 바탕이 되었다. 즉, 상품의 공급에 수요가 미치지 못하는 것을 공공기업을 늘림으로써 해결하고자 한 것이다. 그러나 스미스가 살았던 시대의 영국은 필요한 것조차 쉽게 살 수 없는 시대였다. 요컨대 수요는 많았지만 반대로 공급이 없는 물자부족 사회였다. 그런 시기에 수요를 늘리려는 정책은 말 그대로 쓸모없는 정책일 뿐이다.

스미스가 제창한 공공사업(인프라 구축)에는 도로나 다리 등의 콘크리트 제조물뿐만 아니라 교육 또한 포함되어 있다. 정부의 또 하나의 역할로 교육을 제시한 것이다.

정부의 역할에 교육을 제시한 그의 사상을 이해하기 위해서는 먼저 '분업의 폐해'부터 설명해야 할 필요가 있다.

분업의 폐해

우리 사회에 침투된 '분업'은 부를 늘릴 수 있는 중요한 과정 중 하나이다. 덧붙여 말하자면 스미스는 분업을 사회의 부를 늘릴 수 있는 주요 원인으로 꼽았다. 그 정도로 분업이란 개념은 경제발전에서 뺄 수 없는 중요한 요소인 것이다. 반면 스미스는 분업이 우리 사회에 생각지도 못한 폐해를 가져오기도 한다고 지적하기도 했다.

여기서 가리키는 폐해란 경제적인 폐해를 의미하는 것이 아니다. 사회적이며 교육적인 부분에서 발생하는 문제를 가리키는 것이다. 스미스는 분업이 진행되면 누구나 간단한 작업만 하면 되므로 머리를 쓰지 않게 된다고 생각했다. 이 말은 즉 사람들이 자신의 작업과 직접적인 연관이 없는 일에 관해서는 점점 무신경해 지는 현상을 가리키는 것이다.

스미스는 "아무리 번듯하게 성장한 상업적인 국가라 할지라도 극도로 어리석은 저소득층 사람들이 있다는 점에 주목해야 한다"며 이것을 '분업의 폐해'라고 지적했다.

물론 모두가 그렇게 된다는 것은 아니다. 하지만 매일같이 똑같은 작업만 반복한다면 "곤란함을 없애는 방법을 강구하기 위해 스스로 이해력이나 창의력을 쓰는 날이 사라지게 될 것이라는 것이다. 또한 스미스는 〈국부론〉에서 "결국 그는 자연스럽게 그렇게 하기 위해 노력하는 습관을 잃어버리게 되며 어리석고 무지한 인간으로 전락해버리고 만다"고 기술했다.

일 이외에도 생각할 것이 많아지고 사람들의 생활 패턴 역시 예전에 비해 각양각색인 현대 사회에 이런 스미스의 의견이 딱 맞아떨어질 수는 없는 노릇이지만 그가 전하고자 한 핵심 이론만큼은 이해할 수 있다.

의역

분업에 익숙해진다면 그 외의 일을 할 수 있는 체력과 정신력을 잃어버리게 된다.

원문

그것은 그의 신체의 활력마저도 부패시키며 이제껏 해온 일 이외의 것도 스스로의 체력을 정력적으로 요령 있게 사용하는 것이 불가능해진다.

— 국부론(4)에서

분업이 생산능력을 비약적으로 높인다는 사실에 대해서는 한 치의 의문도 들지 않는다. 또한 분업이 사회의 전반적인 분야에 적용되면 효율성을 높이는데 이는 경제발전의 조건을 만족시킨다. 스미스가 살았던 물자부족 시대에는 생산 능력을 높이는 분업이 반드시 필요했다. 경제적인 면에서 생각해보면 분업은 '완벽한 선(善)'에 가까운 것이었다.

단, 냉정하게 생각해 보면 분업이 생산능력을 높이는 이유는 한 개인이 할 수 있는 일의 범위를 좁히며 단순화시키기 때문이다. 일에 대한 숙련도가 향상되고 생산성이 높아지는 것은 사실이지만 동시에 "단순화 된 좁은 범위의 업무"만 하면 되는 바람직하지 않은 현상이 발생한다.

그 결과 창조성이나 상상력 따위가 점점 사라지는 미래가 도래할 것이라는 사실은 쉽게 상상해 볼 수 있다. 매일 정해진 단순 작업만 하다보면 스스로 찾아서 생각할 필요가 없어지고 자신에게 주어진 일만 하면 되기 때문에 먼저 무언가를 만들어내고자 하는 의욕도 사라질 것이다. 이처럼 분업은 사람의 '생각하는 힘'을 빼앗아간다.

스미스는 이미 분업의 폐해에 대해 어느 정도 인식하고 있었다. 분업이 진행됨에 따라 개인의 상상력과 창조성은 점점 약해진다는 점이 그것이다. 하지만 스미스가 걱정한 가장 큰 분업의 폐해는 바로 '국방의식의 결여'였다. 나라를 지키는 일까지 전문가(군인)에게 맡기게 되면서 일반 국민들의 나라를 지키려는 의식 혹은 싸우려는 용기는 점차적으로 사라져 갈 수 밖에 없다.

처음에는 회사에서 일을 분담하려고 시작했던 것뿐인데 머지않아 그것이 사회 전체로 확장되어 '상품 A를 만드는 사람', '서비스 B에 종사하는 사람' 등 사회적인 역할 분업으로 진화했다. 그리고 그것이 세상이 필요로 하는 역할까지 분담하는 형식으로 변형돼 사회 속에 퍼져나가기 시작했다. "나는 상품을 만드는 역할을 맡고 있으니 나라를 지키는 역할은 다른 사람의 몫"이라는 사고방식이 '국가를 지키는 일'마저 남의 일처럼 생각하게 만든 것이다.

물론 국가를 지키는 일에 분업의 이론을 적용 할 수 있는 부분이 있긴 하다. 전혀 훈련받지 못한 100명의 사람보다는 제대로 훈련받은 10명의 전투병이 더 강할 것이다. 그런 의미에서 봤을 때 모든 나라가 자국의 군대를 두고 군인이라는 국방을 담당하는 전문가를 가지고 있는 것은 분업의 이론에 걸맞은 현상이라 할 수 있다.

하지만 그 반면 일반인이 국가를 지키는 일에 관여하지 않게 되어 결과적으로 '상무(尙武) 정신'이 쇠퇴해 싸워야 할 때 막상 아무것도 할 수 없게 된다.

의역

단조로운 일상이 지속되면 불규칙하며 위험이 수반되는 군생활은 꺼리게 된다. 또한 경험해 본 적이 없는 새로운 일에 도전해 끝까지 해내려는 정신력 또한 점차적으로 사라져간다.

원문

그의 변화 하나 없는 생활은 그의 정신과 용기를 부패시켜 병사(兵士)들의 불규칙하며 불안정한 모험적인 변화를 혐오하게 만든다. 또한 그것은 그의 신체의 활력(活力)마저도 부패시키며 이제 껏 해온 일 이외의 것도 스스로의 체력을 정력적으로 요령 있게 사용하는 것이 불가능해진다.

— 국부론(4)에서

이런 그의 지적은 살펴볼수록 우리가 수긍할 수 있는 부분들이 많다. 오랜 기간 싸우는 일을 남에게 떠넘기고 살다 보면 싸울 수 있는 힘을 잃어버리는 것뿐만 아니라 싸우고자 하는 마음조차 희미해져 갈 것이다. 의식조차 약해진다는 말이다. 이것 역시 분업의 폐해다.

분업은 경제발전에 있어 빼놓을 수 없으며 사회의 빈곤을 없애기 위해 적용되어야 하는 것은 명확한 사실이다. 하지만 그와 동시에 폐해를 수반한다는 사실도 잊어서는 안 된다. 장기적인 안목으로 보면 분업이 행해지고 있는 생활에 익숙해질수록 그 폐해 역시 점점 커져간다. 분업의 결과 사람들은 상상력을 잃고 다른 사람에게 무관심해지며 그들이 가지고 있던 도덕관념 역시 흐릿해질 것이다. 또한 새로운 일에 도전하고자 하는 용기와 기개마저 사라져 조국을 지키자는 상무(尙武) 정신마저도 잃고 말 것이다.

더 나아가 스미스는 분업이 도입됨으로 인해 나라의 교육 수준이 떨어진다고 지적한다. 분업이 성립되어 있는 사회에서는 아이들 역시 중요한 노동력으로 취급된다. 따라서 유소년기의 아이들은 학교가 아닌 공장으로 보내진다. 가난한 가정에서 태어난 아이들은 학교보다 일을 우선할 수밖에 없으며 그 결과 제대로 된 교육을 받을 수 없다.

여기서 말하는 교육이란 것은 대학교육과 같은 고도의 학문을 의미하는 것이 아니다. 우리가 살아가는데 있어 반드시 필요한 읽기나 쓰기와 같은 기본적인 교육을 말하는 것이다. 이런 기초 교육에 드는 비용은 얼마 되지 않는다. 스미스는 그 정도의 비용은 국가가 부담할 수 있으므로 국가가 적극적으로 나서서 새롭게 제도를 정비해야 하며 전 국민의 의무교육을 시행해야 한다는 견해를 내비쳤다. 공공사업의 일환으로써 국가가 시행해야 할 교육제도 재정비의 필요성을 강력히 주장한 것이다.

스미스는 영국과 스코틀랜드 두 나라의 상황을 비교하며 영국보다 스코틀랜드의 어린이들이 읽기와 쓰기에 능숙하다고 말했다. 그 이유는 스코틀랜드의 교육비용이 영국에 비해 저렴해서 분업 정책이 사회적으로 행해질 필요가 없으므로 그 시기의 어린이들이 일을 하지 않아도 되기 때문이다. 분업이 진행되면 가난한 가정의 아이들은 주요한 노동자로 취급당하기 때문에 결국 일을 할 수 밖에 없는 상황에 처한다. 따라서 교육에 소홀해지게 되는 것이다. 스미스는 바로 이 점을 지적했다.

특히 스미스는 유소년기의 교육을 무엇보다 중요하게 생각했다. 저소득층의 자녀들이 유별나게 특별한 교육을 받는 것은 아니다. 하지만 그들이 언젠가 어른이 되었을 때 유용하게 써먹을 수 있는 기초 지식들을 배운다. 그런 교육조차 받지 못한다는 것을 스미스는 매우 불행한 일이라고 보았다. 또한 교육을 통해 종교와 생각하는 것을 배우는 일은 매우 유익한 것이라고 생각했다.

분업은 경제발전과 부의 증산, 빈곤 구제를 위해 반드시 필요하다. 그러나 그에 수반되는 폐해도 분명 존재한다. 그렇기 때문에 더욱 이 폐해를 미연에 방지할 수 있는 방법, 최소한으로 줄일 수 있는 방법을 생각해내야 한다. 스미스는 바로 이 방안을 강구해내는 것이 정부의 가장 큰 역할이라고 생각했다.

정부의 규제

지금까지 해 온 이야기들을 토대로 생각해보면 "스미스는 정부의 시장개입에 반대했다", "정부의 불개입을 주장했다" 등의 이미지를 가질 수도 있다.

그러나 정작 스미스는 정부 따위는 필요하지 않다는 말을 한 번도 언급한 적이 없다. 오히려 앞서 명시한 '국가를 지키는 일', '사법과 경찰', '공공사업과 교육'을 정부가 반드시 해야만 하는 역할이라고 명확하게 제시했다. 그리고 경제면에 관해서도 스미스는 정부의 개입을 전면적으로 반대한 것이 아니었다. 그는 일정 부분에 있어서 시장 규제가 필요하다고 생각했다. 그 일정 부분이라 하는 것은 은행을 가리킨다. 은행은 시장경제를 논할 때 빼놓을 수 없는 부분이다. 화폐의 유통이나 결제는 거래가 원활히 돌아가기 위해 반드시 필요하다. 또한 은행은 개인의 저축을 기업에게 대출하는 중개 역할도 한다. 스미스 역시 이런 은행의 사회적 역할을 인정했다. 그는 은행의 자본 축적이 분업을 촉진시키기 때문에 결국 경제발전을 하는 데 있어서 원동력과 같은 역할을 한다고 생각했다. 따라서 스미스가 은행의 역할을 높게 평가한 것은 당연한 일이다.

그러나 그렇다고 해서 은행이 개인적인 이익을 추구하려고 마음대로 비즈니스를 행하는 부분에 있어서도 긍정적인 의견을 표한 것은 아니다. 왜냐하면 은행은 사회에 엄청난 영향을 미치기 때문이다. 만일 은행이 사리를 위해 높은 금리를 취한다면 어떤 결과가 초래될 것인가? 은행은 높은 금리로 부당하게 많은 돈을 벌어들일 수 있을 것이다. 하지만 결과적으로 자금을 필요로 하는 곳에는 그 부가 미치지 못해 금융기관의 본래의 역할인 자금 융통 기능이 등한시 될 것이다. 또 '돈을 벌 수 있으니까'라는 안이한 생각으로 화폐를 마음대로 발행한다면 어떤 일이 발생하겠는가? 인

플레이션이 발생하게 되어 화폐의 가치는 단순한 종이에 불과하게 될 것이고 결국 화폐경제는 붕괴될 것이다.

따라서 스미스는 이런 부분에 있어서는 엄중한 감시가 필요하며 때에 따라서는 제한을 가해야 한다고 생각했다.

앞서 이야기했던 스미스의 주장을 다시 한 번 살펴보도록 하자.

의역

사회 전체를 위험에 빠뜨릴지 모르는 개인의 행동은 정부가 금지하고 억제해야 한다.

원문

사회 전체를 위태롭게 할지 모르는 몇몇 개인의 자유의 행사는, 독재정부이든 자유정부이든 모든 법률에 의해 억제되어 있으며, 또한 억제되어야 할 것이다.

— 국부론(2)에서

스미스를 자유주의자라고 생각한 사람이 있다면 이와 같은 스미스의 생각을 보고 조금 의아해할지도 모르겠다.

하지만 스미스의 주장을 잘 살펴보면 전혀 그럴 이유가 없다. 거듭 설명한 것처럼 스미스는 일관성 있게 사회와 경제발전을 도모해 왔다. 사회, 경제발전을 생각하면 규제가 있는 사회보다는 자유로운 경제가 더 발전하기 좋기 때문에 불필요한 규제는 없애야 한다고 말했다. 또한 정부가 시장에 개입하는 것보다는 각자의 자유에 맡기는 편이 '신의 보이지 않는 손'이 작용해 좋은 결과를 이끌어 낸다고 주장했다.

사회와 경제발전을 생각했기 때문에 그것을 파괴하는 자유만 인정하지 않았을 뿐이다. 스미스가 말하는 자유란 항상 사회 질서와 양립할 것이라는 전제 조건을 가지고 있었다. 사회 질서를 파괴하는 행동은 규제되어야만 한다는 것이 그의 생각이었다.

이제 스미스가 약자를 무시하는 냉정한 자유주의자가 아니었음을 충분히 알았을 거라 생각한다. 여기서 한 가지 더, 매우 중요한 점이 있다. 스미스는 은행의 행동을 포함한 자유로운 시장거래가 결코 그 자체만으로 사회의 질서를 유지할 수 있다는 생각은 하지 않았다. 〈국부론〉에도 마찬가지로 자유거래가 반드시 국민 전체의 행복을 실현하는 것은 아니라고 명시해 놓았다. '신의 보이지 않는 손'이 제 기능을 하지 못할 경우, 즉 현대의 경제학에서 말하는 '시장의 실패'를 그는 이미 알고 있던 것이 틀림없다.

그러나 스미스의 이런 주장들은 일부 계급에 의해 보기 좋게 해석되어 이용되었다. 그 계급이란 신흥자본가들을 말한다. 자본주의 경제의 여명기(黎明期, 바야흐로 새로운 시대나 새로운 문화 운동 따위가 시작되려는 시기)로 비즈니스를 확장시켜 나가던 신흥자본가들이 스미스의 이론을 "자유주의자가 선(善)이다"라는 부분만 확대해석 해서 마음대로 인용하기 시작한 것이다.

그 당시는 자본주의자가 서서히 등장하던 시대였다. 그때까지 사회의 주요 권력을 쥐고 있던 지주층에 대해 자본가계급이 점점 상업으로 비즈니스를 확장하려던 시기였다.

그러한 자본가들에게 있어서 스미스의 자유주의는 매우 적절한 조건이었다. 자본가들은 "애덤 스미스가 자유주의를 표방하고 있다! 정부에 의한 규제를 절대 허용하지 않는다!"며 소리 높여 주장하기 시작했다. 그러다 보니 어느새 스미스가 마치 모든 정부의 규제와 정부의 행위는 '악(惡)'이라고 한 것 마냥 내용이 살짝 바뀌고 말았다.

예를 들어 "아이들의 노동을 금지하는 법률"같은 것도 "시장의 자유로운 작용을 저해하는 것"으로 해석되었다. 이처럼 자신이 해석하고 싶은 대로 마음대로 가져다 쓰기 시작한 결과 스미스의 주장은 왜곡된 상태로 현대까지 흘러오게 된 것이다.

현대 사회에 보내는 메시지

경제발전을 우선시한 결과 사람들의 도덕성이 저하되고 서로에게 무관심해 진다는 말은 여기저기서 자주 들어왔다. 고개가 끄덕여지는 부분도 있지만 구체적으로 왜, 어떤 식으로 도덕성이 저하되게 된 건지에 관해서는 납득이 가지 않는 부분도 많이 있었다.

스미스는 이러한 '경제발전'과 '도덕성의 저하'의 관계를 논리적으로 설명했다. 분업이 진행된다는 것은 자신이 관심 있는 분야가 점점 좁아진다는 것과 일맥상통하는 부분이 있다. 그 결과 다른 사람에게도 점점 흥미를 잃게 되는 것이다. 또한 다른 사람의 생각에 무관심해지기 시작하면 내가 다른 사람에게 어떤 식으로 비춰질지 완전히 무감각해지게 된다. 현대 일본 사회에서 일어나고 있는 현상이 바로 이와 같은 이유 때문 일수도 있다.

"인간이기 때문에 중요한 것을 잊어버려선 안 된다"라는 말은 곧 "효율성에서 벗어나야 한다!"는 말을 연상시키며 결국에는 완전히 반대인 '슬로우 라이프(slow life)'에 초점을 맞추게 된다. 그러나 아무리 '슬로우 라이프'를 표방하더라도 그 전과 마찬가지로 주변에 대한 무관심을 고수하며 살아간다면 상황은 아무것도 변하지 않는다. 여유 있게 살아보려 노력하지만, 인간에게 있어서 소중한 것을 자연스럽게 이해하는 것 자체가 불가능할 것이다.

"중요한 것을 잊지 않는다"는 것은 "선택과 집중에서 벗어날 것" 즉 "여러 가지 일을 스스로 할 것" 그리고 나아가 많은 사람들과 얽히며 살아갈 것'을 뜻하는 것은 아닐까?

분업이 진행되기 때문에 담당 분야 외에는 흥미를 잃어버린다는 것은 단순히 직장에서만 일어나는 이야기가 아니다. 이 다른 사람의 일로 느끼는 감정의 증대는 우리가 도덕관을 형성함에 있어서 큰 장애가 될 수 있다.

스미스에 따르면 사람이 도덕관을 습득하는 시기는 우리가 사회 속에 존재할 때이다. 즉, 자신의 행동이 옳은가 그른가를 판단하는 기준은 다른 사람의 반응, 평가와 같은 간접적인 방법이 될 수밖에 없다는 것이다. 그렇다고 하면 항상 다른 사람과 교류하고 교제하며 자신의 행동을 다른 사람의 평가 앞에 드러나게 해야 한다는 말이 된다.

그러나 분업이 진행되면 우리는 다른 사람의 행동에 무관심해진다. "내 담당 범위가 아니다"라는 이유만으로 다른 사람이 어떤 행동을 하든지 신경 쓰지 않게 되고 또 그에 따른 평가 역시 하지 않게 된다. 이것은 반대로 생각하면 내가 무엇을 하든 주위사람들의 관심 밖에 있으므로 '좋다', '나쁘다'의 평가를 받을 수 없게 된다는 말이다. 이런 상태가 지속된다면 우리의 도덕관은 제대로 형성되기 어려울 수밖에 없다. 즉, 사회의 분업이 진행됨에 따라 다른 사람에게 관심을 갖지 않게 되는 동시에 다른 사람 역시 나에게 흥미를 잃게 되는 것이다. 세상으로부터 평가를 받는 일이 없어지고 그 결과로써 선악의 판단 기준, 즉 도덕관을 가질 수 없게 된다.

만약 경제발전에 꼭 필요한 것이기 때문에 분업을 하게 되었고 그 결과 사회와의 연결고리가 눈에 띄게 가늘어 진다면 경제발전은 도덕관을 희생해서 성립되는 것이라는 '명제'가 탄생하게 될지도 모른다.

또한 분업의 결과 국가를 지키는 일에 대한 의식이 엷어진다는 지적 역시 현대 사회에 어느 정도 해당되는 이야기인 것처럼 느껴진다. 그러나 이것은 국가를 지키는 일에만 해당되는 것이 아니다. 정치에 대해서도 "정치는 정치가가 정하면 되는 것"이라는 생각을 갖고 있지는 않은가? 따라서 "우리와는 전혀 상관없는 이야기"라고 생각하고 있는 것은 아닌가? 스미스가 말한 바와 같이 모든 일이 분업화된 결과 본래 모두가 함께 생각해야 할 주제임에도 불구하고 주체의식이 점점 사라져 가는 현상은 현대 사회에서도 충분히 발생할 수 있다.

만일 이 분업의 폐해를 불가피한 것으로 가정한다면, 모든 일을 다른 사람의 일처럼 느끼는 감정의 증대나 그에 따른 도덕관 형성의 결여는 '사회의 경제발전을 위해'라는 명목 아래에 어쩔 수 없이 희생될 수밖에 없는 과정일지도 모른다. 역시 '도덕성이 존재하는 사회'와 '경제발전'은 절충(둘 중 하나만 고를 수 있는 상황이)될 수밖에 없는 것일까? 개인적으로 나는 그렇지 않다고 생각한다.

스미스가 살던 시대는 산업혁명의 기술들이 발명되기 시작한 시기로 아직 실용화 단계까지는 아니었다. 요컨대 지금 우리가 생각하는 기계설비 등은 존재하지 않던 시대였다. 그렇기 때문에 생산성을 높이기 위해 어떻게든 사람의 노동을 더 효율성 있게 이용할 필요가 있었다. 여기에서 등장하게 되는 것이 바로 분업이라는 개념이다.

그러나 현대 사회는 거의 모든 분야의 작업 현장에 기계와 컴퓨터가 도입되어 실제로 물건을 생산해 내는 일은 대부분 기계의 역할이 되었다.

따라서 현대 사회에서는 다른 일에 전혀 관심을 기울이지 않고 자신의 일에만 몰두하려는 사람을 찾는 것이 더 어려울 것이다. 물론 직장에서는 담당이나 역할 분배가 이뤄져 있지만, 스미스가 살던 시대에 비하면 동료나 거래처의 업자 등 주위 사람에게 신경 쓸 수 있는 충분한 여유는 있을 것이다. 또한 현대 사회에 24시간 365일 쉬지 않고 계속해서 일을 해야 먹고 살 수 있는 사람은 거의 없다. 평균적으로 일주일에 이틀의 휴일이 존재하고 하루 노동시간도 아무리 길어봤자 12시간 전후이다.

따라서 예전에 비해 우리에게는 그만큼 다른 사람에게 신경을 쓸 여유나 여러 가지 활동을 할 수 있는 여유가 생겼다. 예를 들어 지역 사회 활동에 참가하는 것도 '분업으로의 탈피'라는 의미에서 유효하다고 생각한다. "이 정도만 하면 된다"는 의식을 버리고 더 많은 일에 관심을 가지고 많은 사람들과 교류하다보면 자연스레 남의 일처럼 생각하는 감정이 옅어질 것은 명백하다.

그리고 나는 그런 활동이나 의식들이 경제발전과 공존할 수 있다고 생각한다. 반드시 둘 중에 한 가지만 선택해야 하는 절충안은 필요 없다는 이야기다. 많은 일에 참여하고 다양한 사람들과 접하며 경제발전을 도모하는 것은 더 이상 불가능한 이야기가 아니다.

우리는 종종 "경제발전이 사람들의 도덕성을 저하시킨다.""도덕관이 없어진 것은 성과주의나 이익지상주의 때문이다.""개인주의 때문에 개인이 조화를 경시했기 때문이다."라는 말을 듣는다. 그러나 스미스의 고찰을 살펴보면 도덕성이 저하된 직접적인 원인은 경제발전도 성과주의나 이익지상주의도 그렇다고 개인주의 때문도 아니다. 그 주된 원인은 다른 사람과의 연결고리를 잃어버렸기 때문이다.

회사에서 할당된 실적 확대 등을 목표로 한 혹독한 노동량보다도 직장에서 동료와의 대화가 줄어든 점이나 휴일에 집에만 박혀

인터넷 게임만 하고 있는 것이 악영향을 끼친다고 볼 수 있다. 이쯤에서 나는 다시 한 번 스스로의 생활 습관을 되돌아보고, 사회와 주위 사람들과의 연결고리도 다시금 생각해봐야 할 것 같다.

어떤 환경에 처해 있어도
본질적인 행복의 '차이'는 없다.

진정한 행복이라는 관점에서 보면 한 가지 장기간 처해 있는 상황과 또
다른 상황과의 사이에 본질적인 차이는 없다.

— 도덕 감정론에서

애덤 스미스가 경제학자이기 전에 철학자였다는 사실은 이미 앞서 밝혔다. 또한 스미스의 철학이나 도덕관이 스미스의 경제학에 영향을 미쳤다는 사실도 반복해서 설명했다. 즉, 그의 경제이론은 '도덕 철학' 속에 포함되어 있다.

〈도덕 감정론〉과 〈국부론〉을 읽으면서 스미스는 어쩌면 인간의 삶의 방식(도덕론)과 경제 환경(경제이론)을 우리의 행복과 연관시켜 생각한 것일지도 모른다는 생각을 하게 되었다.

왜 우리는 도덕적으로 바른 삶을 살아야 하는가? '행복'을 손에 넣기 위해서이다. 왜 경제발전이 필요한 것인가? 역시 '행복'을 손에 넣기 위해이다.

그렇다면 스미스가 생각한 행복이란 무엇이었을까? 어떻게 하면 우리는 행복을 손에 넣을 수 있을까? 스미스가 〈도덕 감정론〉과 〈국부론〉에 기술한 행복의 정의를 이 장에서 밝히고자 한다.

의역

인간에게 있어 행복이란 '건강하고 빚이 없으며 양심에 거리낌이 없는 상태'를 일컫는다.

원문

건강하고, 빚이 없고, 양심에 거리낌이 없는 사람의 행복에 무엇이 더해져야 하는가?

이 한 문장에 스미스의 주장이 전부 녹아있다. 이것이 바로 그가 말하고자 했던 결론이다.

* 건강하지 않으면 사람은 행복해질 수 없다.
* 빚 때문에 고민이 있다면 사람은 행복해질 수 없다.
* 양심에 걸리는 일이 있다면 사람은 행복해질 수 없다.

이 세 가지 조건은 전부 한 가지 결론에 도달하고 있다. 바로 마음의 평정이다. 즉, 마음의 평정을 유지하며 사는 것이 중요하다는 말이다. 스미스는 지금까지 몇 번이나 마음의 평정이라는 단어를 사용했다. 그리고 그것은 바로 이 이론과 이어진다.

의역

행복은 마음의 평정과 향락(享樂)에 있다. 평정 없는 곳에 향락은 존재할 수 없다. 어떤 상황에 처해있다 하더라도 완전한 평정이 존재한다면 무엇이든 즐길 수 있다.

원문

행복은 마음의 평정(平靜)과 향유(享有) 가운데 있다. 평정 없이

는 향유할 수 없고, 완전한 평정이 있는 곳에는 향유할 수 없는 것
이란 있을 수 없다.

— 도덕 감정론에서

이것이 바로 스미스가 주장한 '행복론(幸福論)'이다.

여기서 우리가 오해하기 쉬운 부분이 건강이라는 단어이다. 스
미스가 말하는 건강이란 오체만족(五體滿足)을 의미하는 것이 아
니다. "고통을 동반하는 병이 없는 하루하루가 평안한 상태"를 가
리키는 것이다. 스미스는 도덕 감정론에서 한쪽 다리를 잃은 사람
의 이야기를 예로 들어 이런 설명을 덧붙였다.

의역

한쪽 다리를 잃은 사람은, 처음에는 앞으로 자신이 겪어야 할 불
편한 생활을 생각하며 심하게 침울한 상태에 빠질 것이다. 그러
나 곧 자신에게 닥친 그런 상황을 받아들이고 적응하며 점점 불
행함을 잊게 된다.

원문

나무 의족(義足)을 한 사람은 고통을 겪으면서, 틀림없이 자신의
남은 전 생애 동안 매우 큰 불편을 계속 겪어야만 할 것으로 예상
할 것이다. 그러나 그는 곧 의족을 한 자신의 모습을 모든 공정한

방관자가 그것을 보는 것과 정확히 동일하게 보게 되며,… (중략)
사회가 그에게 준 모든 통상의 기쁨을 즐길 수 있는 것으로 여기
게 된다.

— 도덕 감정론에서

한쪽 다리를 잃은 사람은 처음에는 엄청난 고통을 느끼며 정신
적으로도 침울한 상태가 지속된다. 그러나 이윽고 상처는 아물 것
이며 고통 또한 차츰 나아질 것이다. 또한 스미스는 의족생활의
불편함도 서서히 적응하게 되면서 불행하다는 감정을 잊게 되고
어느덧 마음의 평정을 되찾을 것이라 말했다. 오체만족의 상태가
아니라 하더라도 행복감은 맛볼 수 있다.

스미스가 말하는 건강하지 못한 상태란 매일 괴로운 상태가 지
속되어 도저히 적응할 수 없는 것을 의미한다. 예를 들어 가난에
서 오는 배고픔이나 영양부족 같은 것들이 있다. 사람은 의족생활
에 적응할 수는 있어도 굶주림과 영양부족에는 적응할 수 없다.
이런 상황은 우리를 괴롭힐 뿐만 아니라 마음의 평정마저도 흐트
러뜨리기 때문에 결코 행복해질 수 없다. 따라서 굶주림과 영양실
조에 고통 받지 않는 건강한 상태에 있어야만 우리는 행복을 손에
넣을 수 있다.

두 번째 조건은 '빚이 없는 상태'이다. 빚 때문에 고민하고 있는

사람이 행복할 수 없다는 건 굳이 풀어 설명하지 않아도 쉽게 이해할 수 있을 것이다. 빚이 많은 상황을 나쁘다고 하는 것이 아니다. 문제는 돈을 갚으라는 독촉 때문에 쌓이는 스트레스이다. 스트레스는 마음의 평정을 흐트러뜨리며 우리의 행복을 방해한다. 이러한 상황은 적응이 가능한가의 문제가 아니다. 빚 때문에 고민하는 날이 길어질수록 고통만 늘어갈 뿐이다. 이러한 건강한 상태와 빚이 없는 상태는 경제적인 문제만 해결할 수 있다면 사라질 것이다. 경제적인 여유가 생긴다면 굶주림이나 영양부족 때문에 고민할 일도, 빚 때문에 고통 받을 일도 사라질 것이다.

반대로 경제적으로 부족한 상황에 처해있고 최소한의 생활도 유지할 수 없다면 인간은 행복해질 수 없다. 따라서 행복을 손에 넣기 위해 국가의 경제발전이 불가피하게 되고 부를 늘리는 것과 실업을 없애야 할 필요성이 있다는 것이다.

스미스가 국부론을 쓴 궁극적인 이유는 "실업을 없애고 부를 늘리는 것으로 국민을 행복하게 만들기 위해서"였다.

그리고 그가 말한 세 번째 행복의 조건은 '양심에 거리낌이 없는 상태'이다. 양심에 걸리는 일이 있는 사람은 마음의 평정을 유지할 수 없다. 양심에 거리낌이 있다는 말은 "마음에 걸리는 일이 있다"는 말과 같다. 세상 사람들이나 주위 사람들에게 마음에 걸리는 일이 있다면 아무렇지 않게 생활하는 것이 불편해고 따라서 행복과는 또 멀어지고 만다.

인간은 다른 사람에게 절실히 동감을 얻고 싶어 하며 칭찬받고 싶어 하는 동물이다. 그리고 자신에 대해 어떤 인상을 가지고 있는지 혹은 자신이 제대로 인정받고 있는 사람인지를 계속 신경 쓰기 마련이다. 스미스는 이런 성질을 가지고 있기 때문에 우리가 나쁜 일을 한 것을 숨겼을 때나 표면적인 칭찬을 받았을 때 양심의 가책을 느끼는 거라고 생각했다.

자신의 내면에 만들어낸 재판관이 아닌 표면적인 세상 사람들의 평가에 편승해버린다면 "언젠가 내가 한 일을 들키는 건 아닐까?" 혹은 "내가 세운 공적들이 사실은 아무것도 아니라는 게 주위에 알려지지는 않을까?"라는 생각에 매일 불안한 마음을 견디지 못하고 양심의 가책에 괴로워할 것이다.

스미스는 이렇듯 항상 마음이 불안정해 바람 잘 날 없는 상태가 계속된다면 안정을 되찾는 것은 물론 편안히 잠을 청하는 것마저도 어려워 질 거라 했다. 바로 이것이 "양심에 거리낌이 있는 상태"를 말한다. 이처럼 마음의 평정을 찾을 수 없는 상태라면 사람은 행복해 질 수 없다고 말한 그의 이론에 실로 고개를 끄덕일 수밖에 없다.

또한 스미스는 행복을 손에 넣기 위해서 양심에 거리낌이 없는 상태로 살아야 하는데 그러기 위해선 '현명한 사람'의 삶을 살아야 한다고 말한다. 현명한 사람이 되면 마음의 평정을 얻을 수 있을 뿐만 아니라 행복을 얻기 위한 조건도 만족시킬 수 있다. 이것에 대해 스미스가 쓴 책이 바로 〈도덕 감정론〉이다.

〈국부론〉과 〈도덕 감정론〉은 인간(국민)을 행복한 삶으로 이끄는 일종의 지침서라고 할 수 있다. 먼저 마음의 평정을 얻기 위해서는 경제적인 과제들을 해결해야 하므로 〈국부론〉이 필요하다. 그러나 그것만으로는 부족하다. 마음의 평정을 얻으려면 개인의 사고의 전환 역시 필요하기 때문이다. 그리고 그 다음으로 필요한 것이 〈도덕 감정론〉이다.

국부론에서 찾은 행복론

스미스는 〈국부론〉에서 '부의 증산'에 대해 주로 논하고 있다. 또한 우리가 실현해야 할 경제발전은 중상주의적인 귀금속 모으기가 아닌 국민들이 필요로 하는 생활필수품이나 편익품을 증산하는 데에 있다고 주장했다. 당시의 영국은 상상을 뛰어넘는 물자 부족상태에 놓여있었기 때문이다. 그 상황을 타파하기 위해서 스미스는 경제발전(부의 증산)이 필요하다고 생각한 것이다. 이것이 바로 '행복의 조건'을 만든 이유 중 하나이다.

또한 경제가 발전하면 그에 따른 일자리가 늘어나게 되고 실업자는 점점 줄어든다. 사람들은 보통 실직을 함과 동시에 경제적인 어려움과 정신적인 고통을 느낀다. 실직의 원인이 실직자 본인에게 있는 것이 아니라 할지라도 사회에서는 이미 실업자라는 이유만으로 그들을 경멸하고 부정한다.

세상이 경멸의 눈초리로 자신을 바라보고 있는데 어떻게 행복해질 수 있겠는가. 따라서 국민의 행복을 생각한다면 실업을 없애야 한다. 그러기 위해서는 일자리를 늘려야만 한다. 따라서 경제발전이 필요한 것이다.

하지만 경제가 발전하게 되면 그만큼 격차가 커지고 불평등한 사회가 된다는 우려도 있다. 현대 사회에서도 마찬가지로 '격차의 확대'를 정부의 실패한 정책이라 비판하는데 스미스가 살던 시대도 마찬가지로 그러한 목소리들이 컸다고 한다. 그러나 스미스는 그런 격차를 '필요악'이라 인정했다. 경제의 원동력이 되는 일부의 사람들이 열심히 부를 축적해서 그 부를 사용하게 되고 부의 소비가 나라 전체에 영향을 끼쳐 결국에는 가난한 사람들도 부를 손에 쥘 수 있게 되기 때문이다.

〈국부론〉에서는 당시 주류였던 중상주의를 비판하거나 경제의 자립적인 구조를 해명한 부분들이 주로 주목받는다. 그러나 스미스가 〈국부론〉을 쓴 목적은 "나라의 부를 늘리기 위함"이었다. 그리고 그 속에 자리 잡은 궁극적인 의미는 '국민의 행복을 위함'이었던 것이다.

도덕 감정론에서 찾은 행복론

'마음의 평정'을 얻기 위해서는 양심에 거리낌이 없는 상태여야 한다고 말했다. 그 말은 즉 "현명한 사람으로 살아야 한다"는 의미와 같다. 스미스가 저술한 〈도덕 감정론〉에 담겨있는 본질적인 요소들을 다시 정리해 보면 다음과 같다.

사람은 다른 사람에게 인정을 받고 싶어 하고 칭찬 받길 원하는 동물이다. 그러나 우리는 무엇이 '선'이고 '악'인지 스스로 결정하지 못하기 때문에 그것을 사회의 평가와 반응을 통해 판단한다. 그리고 그 사회의 평가를 적용하면서 자신만의 본질적으로 올바른 법칙을 만들어낸다.

그런데 세상은 가끔 제멋대로 변덕을 부리며 그저 표면적인 평가를 내릴 때도 있다. 그렇기 때문에 그런 사회가 내린 평가가 스스로 세운 본질적으로 올바른 법칙과 상이한 경우도 종종 존재한다. 두 가지 모두 사회에서 내린 평가이긴 하지만 변덕스럽고 표면적인 평가는 본질적인 평가라고 할 수 없다. 본질적이며 올바른 판단이란 스스로 세운 본질적으로 올바른 법칙에 의한 판단이다.

세상의 표면적인 평가에 휘둘리지 않고 스스로 세운 올바른 법칙을 따르는 사람이 현명한 사람이다. 스미스는 본질적이지 않음을 눈치 채고 있음에도 불구하고 세상의 표면적인 평가에 안이하게 편승하는 사람을 일컬어 경박한 사람이라 불렀다. 경박한 사람은 "일단 칭찬받기만 하면 된다"는 식이거나 "어쨌든 비난받는 것만 피하면 된다"는 사고방식을 가지고 있다. 결과만 본다면 겉으로는 세상의 지지와 칭찬을 얻은 상태이고 그들에게 있어 부정은 존재하지 않는다. 그러나 본질적인 법칙을 등지고 그런 사고를 하더라도 자기 스스로는 "나는 칭찬받을 만한 일을 하지 않았어"라든지 "사실 나는 잘못됐어" 등의 인식은 하고 있을 것이다. 자기 자신을 속였다는 사실을 본인은 알고 있다. 그렇기 때문에 모든 것을 알고 있는 그 마음이 스스로를 힘들게 만들고 결국은 양심의 가책을 느끼게 된다.

한편 현명한 사람의 경우는 표면적인 세상의 평가에 휩쓸리지 않는다. 그렇기 때문에 사람들에게 인정을 받는 기회도 적어질 것이고 오해를 받을 때의 비난은 더 거세질 것이다. 하지만 스스로의 마음을 속이며 살아가는 것이 아니기 때문에 마음의 평정을 얻을 수 있다.

이것이 도덕론에서 찾은 스미스의 '행복론'이다. 마음의 평정을 얻기 위해서는 올바른 삶의 방식을 추구해야 한다는 것이다. 이런 식으로 해석하면 스미스의 이론이 단순한 '정신론'같이 들릴 수도

있다. 하지만 이 정신론 역시 "인간이 추구해야 할 경제상태"와
밀접한 관련이 있다.

현명한 사람들의 사고방식

'현명한 사람'이 부와 행복감의 관계를 어떤 식으로 바라보고
있었는지에 관해서는 앞서 설명했다. 현명한 사람은 "필요이상의
부는 무의미한 것이고 필요이상의 부를 손에 쥔다 할지라도 행복
감은 더 이상 늘어나지 않는다"는 견해를 가지고 있었다. 그것은
인간의 적응과 깊은 관계가 있다. 이것에 대해 스미스는 다음과
같이 말했다.

의역
_____

우리가 최고의 생활로 여기며 동경하던 환경에서 살게 되었다고
가정해보자. 분명 그 환경에서 얻는 행복이 있을 것이다. 하지만
그 행복은 현재 우리의 '별일 없는 생활'에서 느끼고 있는 행복과
크게 다르지 않다.

원문
_____

한가한 망상 속에서나 생각해볼 수 있는 가장 찬란하고 가장 의
기양양한 상황에서 우리의 진정한 행복을 위해 기대하는 쾌락들

은, 사실은 우리가 현실적으로 처해 있는 초라한 지위에서 우리
가 언제든지 손안에 넣을 수 있고 언제든지 우리 마음대로 즐길
수 있는 그런 쾌락들과 거의 언제나 같은 것이다.

— 도덕 감정론에서

　우리는 가끔 이상적인 생활을 꿈꾸며 그렇게 되면 얼마나 큰 행
복감을 느낄 수 있을지에 대해 상상해보곤 한다. 상상하는 것만으
로도 한숨이 절로 나온다. 그러나 실은 그러한 이상적인 상태에서
느낄 수 있을 거라 꿈꾸며 가정하는 행복감은 현재 우리가 느끼고
있는 행복과 그다지 큰 차이가 없다. 일반적으로 우리는 사회의
상류층이 되는 것을 행복의 조건이라고 생각한다. 따라서 많은 사
람들이 "지금보다 더 풍요로운 삶은 분명 우리에게 더 큰 행복을
가져다 줄 것이다."라든지 "사회적인 지위가 더 높은 사람일수록
행복도 역시 높을 것이다." 등의 생각을 한다. 그러나 스미스는 이
런 생각들이 잘못된 것이라고 말했다.
　스미스는 대체 왜 이런 생각들을 부정한 것일까? 다음 문장을
통해 그의 생각을 살펴볼 수 있다.

의역

어떤 상황에 처해있다 하더라도 우리는 곧 익숙해지며 그 상태에

적응하게 될 것이다.

원문

모든 사람들은 머지않아 필연적으로 자신이 장기간 처해있는 환경에 자기 자신을 적응시켜 간다.

— 도덕 감정론에서

우리가 어떤 상황에 놓여있든 그 기간이 길면 길수록 현재 우리 앞에 놓인 현실에 익숙해질 것이며 이윽고 그것은 당연한 일이 되어버린다. 그러므로 우리가 부러워하던 지위였다 할지라도 막상 그 자리에 올라가보면 평범한 자리였다는 생각을 하게 될 것이다. 평범한 장소에서 느끼는 감정은 지극히 평범한 것에 불과하다. 결코 그 이상의 행복은 느낄 수 없을 것이다.

물론 스스로가 지향하던 경제 상태나 사회적인 지위를 얻은 순간에는 어떤 말로도 표현할 수 없을 만큼의 행복감을 느낄 수 있을 것이다. 스미스 역시 이 부분은 인정했다. 하지만 그는 그 같은 행복감을 "단지 그 순간에 느끼는 일시적인 것에 불과하다"라고 말했다. 즉, '금방 사라져 버리는 감정'이라고 생각한 것이다.

의역

만약 현재 상황보다 '더 나은 상태'가 된다고 가정하더라도 거기서 느낄 수 있는 기쁨과 환희는 곧 사라져 버릴 것이다. 게다가 우리는 지금보다 더 나은 상태를 그리며 결국 계속해서 사회의 상류층이 되는 것을 이상향으로 꼽을 것이다.

원문

사고(思考)가 더욱 풍부한 사람의 경우에는 아마도 더욱 빠르게 그 평정의 상태를 회복할 것이고, 그 자신의 사고 속에서 훨씬 나은 즐거움을 발견할 것이다.

— 도덕 감정론에서

즉, '이상적인 상태'란 신기루와 같은 것이다. 처음에 꿈꾸었던 이상적인 상태에 도달하면 곧바로 우리는 그 다음에 더 좋은 상태를 이상적인 상태라 인식한다. 그리고 더 좋은 상태에 다다른 다음에는 더 상위인 더더욱 좋은 상태를 이상적인 상태로 여기게 된다. 그리고 이런 상태는 끊임없이 계속된다. 현명한 사람은 항상 본질을 꿰뚫어 보고 있기 때문에 일시적인 만족감이나 필요이상(혹은 필요하지 않은)의 부를 손에 넣어도 그것이 장기적인 행복과는 깊은 연관성이 없다는 사실을 이미 잘 알고 있다.

스미스가 사람들이 '현명한 사람의 사고방식'을 실천하길 바란 것은 단순한 정신론적인 이유에서가 아니었다. 현명한 사람의 사고방식이 중요한 이유는 그것이 어떤 경제적 지위를 목표로 삼아야 하는지 그리고 어떤 행동을 취해야 옳은지를 크게 좌우하기 때문이다.

경제상황과 일자리는 행복이라는 개념과 아주 밀접한 관계에 놓여 있다. 최저 생계를 꾸리고 있는 사람이 어느 날 갑자기 부유해진다고 해서 장기적인 행복이 늘어나는 것은 아니다. 우리가 느끼는 행복은 변하지 않는다.

그러나 우리의 삶이 풍족해지기 위해서는 그에 상응하는 노력을 해야만 하며 거기에는 당연히 고통이 수반되기 마련이다. 행복을 손에 넣을 수 있다는 환상을 위해서는 한평생 열심히 일하며 고통을 느껴야만 한다.

이것을 이해하지 못하는 사람은 평생 시간이 흘러도 그저 의미 없는 노력만 하며 살아갈 것이다. 따라서 '현명한 사람의 사고방식'을 따르는 것이 중요하다는 것이다.

행복의 본질

스미스의 주장을 반대로 생각해보면 언젠가는 사라질 만족감이라 해도 적어도 한순간만큼은 느낄 수 있다는 것을 알 수 있다. 그렇다면 아무리 한순간이라 할지라도 그 순간 느끼는 만족감을 위해 부를 추구하는 것도 그다지 나쁠 것 같지는 않다는 생각이

든다.

또한 스미스도 인정한 것처럼 세상은 고귀한 사람과 높은 사회적 위치에 있는 사람을 가난한 사람보다 중시하는 경향이 있다. 그렇다면 더욱이 부자가 되고 높은 사회적 지위를 얻는 것이 "칭송을 받고 주위 사람들이 중요하게 여기는 사람이고 싶다"는 욕구를 채워줄 것이다. 비록 본질적이지 않다 해도 똑같은 상태라면 차라리 빈곤보다는 부유한 편이 낫고 낮은 지위보다는 높은 지위를 갖는 편이 더 나을 것이다. 이렇게 생각해 보면 조금은 부나 지위를 추구하는 데에도 의미가 있었던 것 같다. 그러나 이런 의문에 대해서 스미스는 뚜렷한 반대의 입장을 내세웠다. 왜냐하면 필요이상의 부나 지위를 추구하는 과정에서 우리는 도리어 불행해질 수 있기 때문이다.

주변에서 자신의 연봉을 높이기 위해 과도한 업무량을 견디며 일하는 비즈니스맨들을 본 적이 있다. 그 결과 연봉이 올라 부유한 생활을 할 수 있게 된 사람도 있다. 하지만 그와 동시에 건강을 망쳐 불행해지는 사람도 있다. 이것이 바로 부나 지위를 추구하는 과정에서 불행해지는 예이다. 그러나 스미스는 이것과는 또 다른 이유에서 문제점을 지적하고자 했다. 스미스는 가난한 가정에서 태어난 아이의 이야기를 예로 들었다.

가난한 가정에서 태어난 아이는 자신의 환경을 몹시 증오하며 부유한 삶을 살기 위해 죽을힘을 다해 노력한다. 그러나 스미스는 그렇게 노력을 거듭해 결국 부유한 삶을 살게 된다 하더라도 불행해질 뿐이라고 말했다.

아마도 그는 성공하기 위해 수많은 경박한 행동을 일삼으며 많은 사람들을 짓밟고 그 자리에 올라서게 될 것이다. 그의 그러한 행동들은 결국 그가 간절히 원하던 사회의 지지와 동의 그리고 칭찬을 잃어버리는 결과를 초래할 것이다. 경제적으로는 부유한 삶을 살 수 있게 됐지만 세상은 그를 싸늘한 눈으로 바라볼 것이며 결국 그는 불행해 질 것이다. 목표에 도달했을 때 그의 주위에는 이미 아무도 없다. 자신의 편을 들어 줄 사람이 단 한명도 존재하지 않는 것이다. 이것이 바로 스미스의 생각이었다. 그는 왜 부를 추구하는 과정을 경박한 행위로 치부해 버리는가?

여기서는 스미스가 살던 시대와 현대 사회의 차이점에 주목해 볼 필요가 있다. 스미스가 살던 시대는 우리가 생각하는 자본주의 경제가 아닌 봉건제도의 성향이 남아있는 경제였다. 앞서 말했듯 산업 혁명기에 발명된 여러 기술들이 실질적으로 사용되고 대기업이나 큰 공장들이 들어선 것은 스미스가 세상을 떠난 후의 이야기이다.

이런 시대적인 배경을 고려해서 생각해보면 그 당시의 부의 추구란 현대 사회의 "비즈니스 성공을 목표로 하는 것"과는 조금은 거리가 있는 개념이다. 스미스가 살던 시대에서 부유한 삶을 살 수 있는 것은 지주나 영주뿐이었다. 또한 그들은 동시에 정치적인 힘까지 가지고 있었다. 그들은 기업가이자 정치가의 역할도 하고 있던 것이다.

따라서 스미스가 말한 부의 추구는 곧 지주와 같은 권력자, 즉 지주와 같이 정치 세계에서 활약하는 것을 의미한다.

마치 현대 사회에서 말하는 "행복해지기 위해서는 정치권력을 가져야 한다"는 말과 비슷하다. 당신은 정치권력을 목표로 하는 사람을 보면 어떤 생각이 드는가? 또 그 권력을 얻기 위해 해야만 하는 일을 어떻게 평가하는가?

아마 우리는 목적도 없이 권력을 쫓는 쓸데없는 행동이라고 생각할 것이다. 정치 세계에서는 권력을 갖기 위해 본질적인 노력이 아닌 수박 겉핥기식의 사교와 흥정을 늘어놓거나 이미 권력을 손에 쥐고 있는 사람에게 잘 보이기 위한 행동을 서슴지 않을 것이다. 그 과정에서 물론 남들에게 "손가락질 받은 만한 행동"은 피할 수 없다. 그러다 운 좋게 정치권력을 손에 넣었다 하더라도 이미 사회의 따가운 시선을 피할 수는 없다. 스미스가 말하고자 했던 것이 바로 이런 점이다.

시대 배경이 다르기 때문에 '부'나 '성공'을 쫓는 일을 전부 손가락질 받을 행동이라고 말할 수는 없다. 하지만 스스로의 목적을 이루기 위해 수단과 방법을 가리지 않는다면 결국 그들은 부를 뒤쫓는 과정에서 많은 사람들을 잃을 것이다. 역설적이게도 행복을 위해 부와 지위를 얻으려다 불행해지는 것이다.

진정한 행복을 깨닫지 못하는 이유

스미스는 최소한의 부만 충족되어도 행복은 실현될 수 있는 것이라고 생각했다. 그렇지만 현실에서는 최소한의 부를 가지고 있어도 그렇지 못한 사람이 많다. 스미스가 주장했던 또 다른 한가지의 주장이 그 이유이다.

의역

자신의 삶을 불행하다고 느끼는 이유는 현재 상태와 이상적인 상태의 차이가 너무 크기 때문이다. 탐욕스러운 사람은 가난한 사람과 부유한 사람의 차이를 과대평가하고 야심이 있는 사람은 낮은 지위에 있는 사람과 높은 지위에 있는 사람의 생활을 완전 별개의 것으로 취급한다.

원문

인간생활의 불행과 혼란의 최대 원인은 하나의 영속적 상황과 다른 영속적 상황과의 차이를 과대평가하는 것으로부터 생기는 것 같다. 탐욕(貪慾, avarice)은 가난과 부유함 사이의 차이를 과대평가하고, 야심(野心, ambition)은 개인적 지위와 공적 지위의 차이를 과대평가한다."

— 도덕 감정론 에서

스미스는 제아무리 많은 부를 손에 쥐고 있다 하더라도 거기서 느낄 수 있는 행복감은 최소한의 부를 가지고 있는 사람의 그것과 완전히 같은 것이라고 말했다. "가장 높은 지위가 제공할 수 있는 모든 쾌락을 우리는 개인의 자유만이 존재하는 가장 초라한 지위에서도 발견할 수 있을 것이다"는 뜻이다. 즉, 가장 초라한 상태에 처해있어도 가장 화려한 상태에서 느낄 수 있는 기쁨을 동일하게 느낄 수 있다는 것이다.

많은 사람들이 부유한 삶을 살게 된다면 지금은 느낄 수 없는 더 나은 무언가를 느낄 수 있을 것이며 지금보다 더 큰 행복을 얻을 수 있을 거라고 생각한다. 그러나 이것은 단지 착각일 뿐이다. 물론 수입이 늘고 지위가 올라가면 이전과는 비교할 수 없을 만큼의 큰 행복감을 맛볼 수 있을지도 모른다. 그러나 그 행복감은 그저 일시적인 것에 불과하며 그 상황에 익숙해진 후에는 더 이상 그것을 행복한 상태라고 부를 수 없게 된다.

"더 부유해지고 더 높은 지위를 얻으면 행복해진다"는 말은 영원히 만족될 수 없는 욕구일 뿐이다.

"분명 지금보다 더 행복해질 수 있는데 현실은 전혀 그렇지 못해. 그러니까 난 더 높은 곳을 향해 올라가야 해"라는 생각들이 결국 우리의 행복을 방해하는 가장 큰 이유이다. 왜냐하면 우리는 이런 생각들 때문에 마음의 평정심을 유지할 수 없게 되기 때문이다. 반대로 생각해보면 결국 우리가 행복해 지기 위해서 가장 필요한 것은 "내가 갈망하는 이상과 현실은 별반 다르지 않다"는 인식이라는 것을 깨달을 수 있다.

> "이상적으로 생각하던 상태에 도달하더라도 일시적인 만족감을 얻을 수 있을 뿐이다. 그 행복감 역시 시간이 흐르면 우리가 현재 느끼고 있는 것과 다를 바 없어진다. 따라서 그런 환상을 쫓는 것은 큰 의미가 없다."

이것이 바로 가장 올바른 사고이며 '현명한 사람의 사고방식'이다. 이 논리는 비단 행복을 느끼는 상황에만 적용되는 것이 아니다. 불행을 느끼는 상황에도 똑같이 적용된다. 스미스는 불행에 대해서 다음과 같이 말했다.

의역

현명한 사람은 뜻하지 않았던 고난이 닥쳐와도 시간이 지나면 '별일 아닌 것'이 되어버리는 세상의 이치를 이미 알고 있다. 그리고 그 때를 미리 인지하고 있기 때문에 처음부터 별일 아닌 것으로 생각하고자 무던히 노력한다.

원문

현명한 사람은, 자신에게 회복할 수 없는 불행이 닥쳐온 경우에도… (중략) 결국 회복될 것이 틀림없는 마음의 평정을 처음부터 예상하고 그것을 미리 즐기려고 노력한다.

— 도덕 감정론에서

아마 누구에게나 이와 비슷한 경험이 있을 것이다.

어렸을 때는 다쳤던 것도 며칠만 지나면 금새 별 것 아닌 일이 되어버리곤 했다. 마찬가지로 대학 수능시험을 망치고 큰 충격을 받았던 그 사실도 몇 년이 지난 뒤 생각했을 때엔 이미 별일 아닌 것처럼 느껴지진 않았는가?

또 집안에 좋지 않은 일 때문에 느꼈던 슬픔도 수년의 세월이 흐르면 어느새 사라져버린다. 이런 경험은 누구나 가지고 있을 것이다. 이렇듯 그 어떤 재난이나 불행이 닥쳐와도 결국 어느 정도 시간이 흐르면 상처는 아물기 마련이다. 현명한 사람은 "지금 당장은 견디기 힘들지만 이 상처는 곧 아물 것"이라고 판단한다. "시간이 지나면 상처는 아물 것이고 때가 되면 이 일도 결국 별 일 아닌 것이 될 것이다. 반드시 다가올 그날을 생각하며 이 감정을 추스르기 위해 노력하자"는 생각을 할 것이다.

하지만 어떤 불행 앞에서도 평정심을 유지할 수 있다는 말은 아니다. 또한 모든 상처가 완전히 아물 것이라는 말도 아니다. 그러나 결국에는 별일 아닌 것이 될 것이기 때문에 나는 괜찮다는 의식을 계속해서 자신에게 주입시킴으로써 사람은 마음의 평정을 되찾을 수 있게 된다. 장기적인 시점으로 바라보면 결국 이것도 별일 아닌 것이 될 거라는 인식을 갖는 것이 현명한 사람이다.

필요이상의 부는 허영에 불과하며 부를 쫓는 것에는 큰 의미가 없다. 오히려 부를 쫓는 과정에서 사람은 불행만 맛볼 뿐이다. 어쩌다 다행히 부를 얻게 된다 할지라도 곧 그 기쁨은 점차 사라질 것이다. 반면 어떤 재난이 닥쳐온다고 해도 우리는 이윽고 평정심을 되찾을 수 있을 것이다.

결국 부를 쫓아도 불행이 닥쳐와도 결과는 같다. 따라서 처음부터 이 과정을 숙지하고 우리에게 있어 정말로 소중한 것을 추구해야 할 것이다. 이것이 스미스가 말하고자 한 '행복론'의 결론이다.

현대 사회에 보내는 메시지

"경제발전의 진정한 목적은 사람이 평온한 상태로 살아갈 수 있도록 만드는 데에 있다."

이것이 바로 애덤 스미스가 우리에게 전하고자 했던 가장 중요한 메시지가 아닐까? 우리는 경제발전을 '절대적인 선(善)'으로 어필하는 선전문구들을 많이 접한다. 그러나 여기에는 경제가 발전하면 인간은 더 행복해진다는 맹목적인 전제가 깔려있다.

경제발전의 의미는 우리 스스로가 찾아내야 하는 것이다. 그러기 위해서는 먼저 "평온한 마음으로 살아가는 것이 인간의 가장 큰 행복"이라는 스미스의 생각을 이해해야 한다.

현대 사회에서 우리는 하루하루를 치열한 경쟁 속에서 살아가고 있다. 이런 환경에 처해있기 때문에 열심히 일하지 않으면 회사가 어려워져 많은 사람들이 일자리를 잃게 될 것이다. 일자리를 잃는 것은 곧 평온한 마음 역시 잃는 것을 의미하며 그것은 곧 행복의 유무와도 직결되는 문제이다. 따라서 그렇게 되지 않기 위해 사람들은 더욱 열심히 노력해야 한다.

그러나 그렇게 노력했음에도 불구하고 결과가 좋지 않다면 우리는 본말이 전도된 상태에 빠지게 된다. 열심히 노력해서 경제발전을 추구했지만 그 결과가 좋지 않아 많은 사람들이 여전히 불안을 느끼며 살아가야 한다면, 결국 무엇을 위해 노력했으며 무엇을 위한 발전인지 알 수 없게 된다.

냉정하게 생각해 보면 그 원인이나 이유는 아무도 알 수 없다. 그러나 더 높은 곳을 향해 가고자 하는 마음이 우리의 판단을 흐리게 하고 있는지도 모른다. "더 많은 부를 손에 넣으면 더 행복해질 수 있다"는 오해가 사람들의 생각을 흐트러뜨려 놓고 있는 것이다.

스미스는 '경제적인 행복'과 '사회적인 행복'을 신기루 같은 것이라고 말했다. 어떤 상황이라 할지라도 익숙해지는 순간 그것은 곧 평범한 것이 되어 버리기 때문에 결국 처음과 같은 행복을 맛볼 수 없기 때문이다. 현대의 경제학 이론에서도 이런 스미스의 주장과 비슷한 것을 '한계 효용 체감의 법칙'으로 정의하고 있다. 한계 효용이라는 것은 그때마다 느끼는 만족감을 뜻하며 체감이란 점점 줄어가는 것을 의미한다. 같은 맥주라 할지라도 첫째 잔과 마지막 잔에서 느끼는 만족감은 다르다. 즉, 한계 효용이 체감한다는 것이다. 스미스의 분석은 언뜻 보기에는 감각적이다. 하지만 그는 이미 현대 경제학 이론 속의 익숙함과 만족감 그리고 행복감의 관계를 간파하고 있었다.

학교를 졸업하고 사회인이 되면 우리는 그때까지 보다 더 많은 돈을 손에 쥐게 된다. 그러나 돈을 번 만큼 행복감 역시 늘어났다고 느끼는 사람이 과연 몇이나 될까? 아마 거의 없을 것이다. 우리는 이미 연봉이 올라가는 것과 행복은 비례하지 않는다는 사실을 실감하고 있다.

이런 스미스의 분석은 우리의 일하는 방식과 더 나아가서 "경제 발전이란 무엇인가?"라는 질문에 대해 다시 생각해보게 만드는 계기가 될 수 있다.

현대 사회에서는 연봉만을 기준으로 회사를 판단하는 사람이 많다고 한다. 그런 사람들은 연봉이 높으면 높을수록 더 행복해질 수 있을 거라고 생각한다. 나는 돈을 버는 것, 즉 높은 연봉을 목표로 하는 행위 자체를 나쁘다고 생각하지 않는다. 그러나 돈만 바라보고 좋아하지도 않는 일을 하는 것은 허무한 일이라고 생각한다. 왜냐하면 스미스가 지적한대로 삶이 풍요로워짐으로써 얻을 수 있는 행복감은 한순간에 지나지 않기 때문이다.

반면에 그 지위와 자신의 수입을 유지하기 위해 필요한 노력은 매일매일 지속될 것이다. 좋아하지도 않는 일을 계속 해야만 하는 것은 다시 말해 한순간의 행복한 기분을 맛볼 수 있는 권리를 얻기 위해 평생을 사서 고생하는 것과 마찬가지인 것이다. 그리고 결국 평온한 마음으로 살아가는 것 역시 어려워질 것이다.

돈을 버는 것과 부유한 삶을 목표로 하루하루를 살아도 결국 남는 것은 아무것도 없다. 그 뿐만이 아니다. 허무한 노력 때문에 평온했던 마음마저도 흐트러지게 되며 행복한 삶 역시 점점 어려운 과제가 될 것이다.

경제발전은 우리 생활에 필요한 것들을 갖추고 실업을 없애기 위해 반드시 필요한 과정이다. 경제발전을 통해 사람들은 마음의 평정을 유지할 수 있고 행복을 손에 넣을 수 있다. 평온한 마음으로 생활하는 것을 의식하지 않은 경제발전은 결국 아무런 의미도 갖지 않는다. 나는 이렇게 생각할 수밖에 없다.

7 인간으로 살아간다는 것은

같은 부류의 사람들과 있으면
우리의 윤리의식은 방해받기 쉽다.

우리의 도덕 감정의 적정성(適正性)이 가장 부식되기 쉬운 것은 관대하
고 편애하는 방관자가 가까이 있고, 중립적이고 공정한 방관자가 매우
멀리 떨어져 있을 때이다.

— 도덕 감정론에서

애덤 스미스는 '도덕적인 관점'과 '경제적인 관점'에 서서 인간의 행복론을 논했다. 지금까지는 내가 행복해지는, 또 국가의 부가 늘어나 실업이 없어져 개인이 행복해지는, 이른바 나의 행복과 개인의 행복에 대해서만 언급했다.

"이렇게 하는 것이 누군가 혹은 다른 사람을 위하는 일이다"라는 식의 다른 사람과의 관계를 의식한 이야기는 거의 하지 않았다. 그렇다고 스미스가 이런 테마에 대해 전혀 언급하지 않은 것은 아니다. 그래서 나는 마지막으로 스미스가 "우리는 다른 사람과 함께 사는 삶에 있어 어떤 방식을 취해야 하는가?"에 대해 지적한 중요한 몇 가지를 살펴보겠다.

차이의 가치

의역

사회에서는 다른 사람과 다른 능력을 가지고 있는 것이 큰 가치를 갖는다. 우리는 다른 사람과 다른 능력을 발휘하면서 서로를 돕는다. 모든 개인의 각기 다른 능력은 곧 우리 사회의 공공자산이 된다.

원문

사람들 사이에서는 가장 닮지 않은 자질이라도 서로에게 유용하며, 그것은 그들 각자의 재능이 만들어내는 갖가지 생산물을 거래하고 교역하고 교환하는 일반적인 성향에 의해 이른바 공동재산이 되어…(중략).

— 국부론(1)에서

사람은 다른 사람과 자신을 계속 비교하며 가능한 한 그들과 '같은 성질'을 갖고 싶어 하는 동물이다. 반대로 그들과 '다른 성질'은 거부하는 경향이 있다. 이런 부분은 특히 일본인에게 강하게 나타난다. 그러나 스미스는 모두와 같은 성질은 의미가 없는 것이며 오히려 다른 성질을 가지고 있는 것이 큰 의미를 갖는다고 말했다. 스미스는 이것을 정신론의 관점에 입각해 바라본 것이 아니라 사회 속에서 각각의 개인들이 맡고 있는 그들만의 역할의 관점에서 접근했다. 그가 내세운 이론은 다음과 같다.

인간사회와 경제가 발전하기 위해서 반드시 필요한 것이 바로 분업이다. 분업이 존재했기 때문에 일의 생산성을 높일 수 있었고 국민에게 돌아갈 부를 창출해낼 수 있었다.

그러나 이 분업이라는 것은 개인의 능력과 적성이 다를수록 더 높은 효율성을 갖는다. 사람마다 자신 있는 분야가 다르기 때문에 저마다 자신에게 맞는 일을 고를 수 있는 것이다. 만약 세상 사람들이 전부 같은 능력, 같은 취미, 같은 성향, 같은 생각을 가지고 있다면 결국 세상에는 한 가지 제품밖에 존재할 수 없을 것이다. 그렇다면 그 사회는 결국 제대로 된 순환이 일어나지 못한다. 힘을 쓰는 일이 맞는 사람, 손으로 만드는 일이 맞는 사람, 머리를 잘 쓰는 사람 등 각자 여러 분야에서 능력을 갖기 때문에 분업체제가 기능을 제대로 할 수 있고 그로 인해 우리 사회는 발전하는 것이다. 즉, 사람은 '서로 다르기 때문에 가치가 있다.'

인간애와 존엄의 미덕

지금까지는 동감이라는 단어를 나의 행복과 연결해서 설명했다. 앞서 "우리가 다른 사람의 동감을 얻고자 하는 이유는 사회에서 비난이 아닌 인정을 받고 있다는 사실을 느끼기 위해서"라는 설명을 했다.

그러나 "동감을 얻어내고 싶다"는 생각이나 행동이 초래하는 것은 그뿐만이 아니다. 우리는 다른 사람의 동감을 얻어내는 과정에서 두 종류의 덕을 갖추게 된다.

스미스는 "인간이란 다른 사람의 행동이나 상황, 모습을 보며 그 사람에게 감정이입을 하게 되는 동물"이며 그와 동시에 다른 사람에게 자신의 행동이나 상황을 인정받고 싶어 하며 동감해주길 절실하게 바라고 있다고 말했다. 그리고 이런 인간의 성질은 비단 친절한 사람이나 사려 깊은 사람에 한해서만 드러나는 것이 아니다. 모든 사람이 갖고 있는 인간의 본성이다. 스미스는 인간이 이런 성향을 가지고 있기 때문에 두 가지 미덕을 손에 넣을 수 있다고 생각했다.

두 가지 미덕이란 '솔직하며 사랑스러운 인애(인간애)의 미덕'과 '위대하며 존경해야 할 존엄(자기통제)의 미덕'을 말한다. 이 두 가지의 미덕을 한 가지 의미로 합쳐보면, 다른 사람에게는 너그럽고 자기 자신에게는 엄격하다는 말이다. 바로 이런 미덕을 갖추게 된다는 것이다.

'인애의 미덕'과 '존엄의 미덕'이 어떤 과정을 통해 형성되는지 스미스의 생각을 살펴보도록 하자.

솔직하며 사랑스러운 인애의 미덕이 형성되는 과정은 비교적 쉽게 이해할 수 있다. 인간은 다른 사람에게 쉽게 감정이입을 해버리는 동물이다. 또 그런 감정이입을 통해 남을 배려하고 그의 상황을 이해하고자 노력한다. 즉, 우리는 이 사람은 왜 이런 행동을 한 것일까? 왜 이렇게 느낀 것일까?라는 생각을 하면서 상대방의 입장에서 생각해보고 그의 행동이나 감정을 이해하려고 노력한다.

경솔한 행동(혹은 경솔하게 보이는 행동)을 한 사람을 보면서 "저 사람은 어쩔 수 없이 그런 짓을 한 걸지도 몰라"라는 감정이입을 통해 결국에는 "부득이한 사정이 있었기 때문에 그런 걸 거야"라고 결론지으며 상대방을 이해하려 한다. 이러한 과정들을 거치면서 우리는 너그러운 마음을 가지게 되고 그것이 인애(인간애)의 미덕을 만들어 낸다.

다음은 '존엄(자기통제)의 미덕'이다. 존엄의 미덕은 "다른 사람에게 동의를 얻고 싶다"는 감정에서 형성된다. 다른 사람에게 동감을 얻는 것이란 다른 사람이 내가 처해있는 상황을 정당한 것으로 인정해주고 더 나아가 "당신이 말하고 느끼는 것이 맞다"고 인정해주길 바라는 것을 뜻한다. 단, 다른 사람이 주는 동감에는 한 가지 장애물이 존재한다. 그것은 결코 어느 누구도 나와 100% 똑같은 생각을 가지거나 감정을 느끼지는 않는다는 점이다.

예를 들어 10만원을 잃어버렸다고 가정해보자. 당사자인 나에게 있어서 10만원을 잃어버린 것은 굉장한 충격을 준 사건이다. 그러나 과연 주위 사람들도 나처럼 그 일을 충격적인 사건으로 생각할 것인가? 그렇지 않을 것이다.

물론 약간의 동정은 해줄 수 있다. 하지만 몇 날 며칠을 "10만원을 잃어버렸어. 애초에 거길 가지 말았어야 하는 건데. 10만원이면 그것도 살 수 있었는데"…라며 한탄한다면 주위 사람들이 어떻게 생각할까? 아마 그 사람이 당신의 가까운 존재인 가족이나 연인이라 할지라도 "그렇게까지 계속 생각할 일인가? 너무 유난스럽게 구는 것 같은데"라며 결국엔 당신을 비난해 올 것이 분명하다. 스스로에게 있어서는 엄청난 가치가 있는 일이라 해도 다른 사람은 결코 당신과 똑같이 느끼지 않는다.

"다른 사람은 결코 내 일을 자신의 일처럼 중요하게 여기지 않는다"는 이론은 위의 예에서처럼 부정적인 경우뿐만 아니라 긍정적인 경우에도 해당된다.

이번에는 회사에서 표창을 받게 된 경우를 생각해보자. 몇 개월의 노력 끝에 고객의 인정을 받게 되었다. 그리고 나의 성과를 회사 역시 인정해 주었다. 나에게는 더할 나위 없이 기쁜 일이다. 그러나 주위 사람들은 그렇게 생각하지 않는다. 왜냐하면 성공에는 질투가 따르기 때문이다. 물론 주위 사람들도 당신의 성공이 평가받을 만한 것이라는 생각은 할 것이다. 그러나 그만큼 질투심이 생겨 반발하게 되는 것이다. 만약 당신이 "내가 지금까지 노력해온 게 이렇게 표창으로 결실을 맺게 됐어. 나 대단하지?"라는 말을 동료들에게 하고 다닌다면 당신에게는 싸늘한 시선만이 되돌아올 것이다.

의역

과도하게 기뻐하는 사람을 받아들일 만큼 우리는 너그럽지 않다.

우리는 무절제한 환희에 대해서는 이와 같은 너그러운 태도를 보이지 않는다.

— 도덕 감정론에서

즉, 부정적인 상황에 있건 긍정적인 상황에 있건 우리는 결코 자신의 감정을 있는 그대로 드러내서는 안 된다. 전부 드러내버리는 순간 다른 사람의 동감은 얻을 수 없다.

이런 상황에서 다른 사람의 동감을 얻어내는 방법은 한 가지 밖에 없다. 자신의 감정을 다른 사람이 감당할 수 있는 정도까지 적당히 조절해서 의연한 태도를 유지해야 한다. 이렇게 해야지만 비로소 우리는 다른 사람의 동감을 얻어낼 수 있다. 최대한 자신의 감정을 절제시켜 "10만원을 잃어버렸지만 어쩔 수 없는 일이지 뭐"라든지 "이번에 표창을 받게 되어 정말 기쁩니다. 하지만 제가 이렇게 표창을 받을 수 있었던 건 전부 여러분의 성원이 있었기 때문입니다. 모든 분들께 진심으로 감사의 말씀을 드리고 싶습니다" 등의 말을 건네야 할 것이다. 그러면 당신의 주위 사람들 역시 "그렇게 생각하다니 정말 좋은 사람이군!" 이라는 반응을 보일 것이 틀림없다.

바로 이런 과정들을 거치며 우리에게 '존엄(사고 통제)의 미덕'이 생겨나게 된다. 이 과정도 마찬가지로 "주위로부터 동감을 얻고 싶다"는 마음이 그 발단이 되었다. 따라서 이 미덕 역시 동감을 얻어내는 과정에서 갖춰지는 것으로 볼 수 있다.

'인애(仁愛)'나 '존엄(尊嚴)'은 다른 사람과 관계를 맺으면서 생겨나는 미덕이다. 반드시 나의 행복과 직결된다고 단언할 수는 없지만 사회 속에서 매우 중요한 역할을 하고 있는 것은 분명하다. 이런 미덕들을 갖추는 일은 우리 사회를 온화한 분위기로 만들뿐만 아니라 사회 구성원 모두에게 편안함을 느끼게 해주는 역할도 하는 것 같다.

의무의 감각 —신앙심

의역
사람들은 종교를 가지고 있는 사람을 더 쉽게 신뢰해버리는 경향이 있다.

원문
종교가 천연의 의무감을 강화하는 것은 바로 이런 방식을 통해서이다. 그리고 이런 이유에서 사람들은 통상 종교적인 감정, 즉 신앙심이 깊은 사람들의 정직성을 크게 신뢰하는 경향이 있다.

— 도덕 정조론

스미스는 누구나 '경박한 사람'과 '현명한 사람'의 양면성을 가지고 있다고 생각했다. 다시 말해 우리는 도덕적인 선악을 판단할 수 있는 능력을 가지고 있는 반면 세상의 평가에 휘둘릴 수 있는 위험성도 가지고 있다는 것이다.

단 종교적인 마음, 신을 향한 신앙심을 가지고 있는 사람의 경우는 유혹에 지지 않고 올바른 판단을 따를 수 있는 '의무의 감각'을 가지고 있다. 그들은 자신의 내면에 만들어낸 재판관의 판단을 따르며 현명한 사람이 되고자 노력한다. 신을 향한 신앙심이 의무의 감각을 강하게 만드는 이유는 신이 나를 지켜보고 있다는 생각 때문이다. 세상을 속일 수는 있어도 신을 속이는 것은 불가능하다고 믿는다. 그런 이유에서 신을 믿는 사람은 정직한 삶을 살 수밖에 없는 것이다. 만약 당신은 칭찬 받을 만한 행동을 하지 않았음에도 불구하고 세상이 당신에게 표면적인 평가를 내렸다고 하자. 세상이 당신을 속일지라도 신은 그것이 거짓임을 알고 있다. 그렇다면 당신은 세상의 표면적인 평가를 스스로 뿌리칠 수 있는 사람이어야 한다.

또한 죄를 지었을 경우도 마찬가지이다. 신은 이미 그 사실을 알고 있다. 세상에 죄가 드러나지 않을지라도 당신은 그 죄에서 영원히 도망칠 수 없을 것이다. 그러므로 숨지 말고 당당히 죄를 밝히고 뉘우쳐야 할 것이다.

신앙심이 두터운 사람은 바로 이런 사고를 하며 이것이 그들을 현명한 사람으로 만든다. 따라서 스미스는 사람들이 신앙심을 가지고 있는 사람을 쉽게 신뢰하는 경향이 있다고 생각했다. 물론 신앙심을 가지는 것으로 인해 다른 사람을 배려하는 마음이 더 늘어나는 것은 아니다. 하지만 결과적으로 이 같은 신앙심은 사람들을 올바른 길로 이끌어 신뢰할 수 있는 사람으로 만들어간다.

세상은 결과를 중시한다

앞서 제2장에서 '현명한 사람'과 '경박한 사람'이 성과물에 대해 느끼는 차이점에 대해 설명했다. 경박한 사람에 대해서는 "우연히 좋은 결과를 얻게 되어 세상이 그를 칭찬한다면 그저 기뻐할 줄밖에 모른다"고 말했다. 그리고 현명한 사람의 경우는 불규칙한 결과보다는 그동안 자신이 지나온 과정에 주목한다고 말했다. 현명한 사람은 세상이 그를 칭찬하더라도 '우연에 불과한 좋은 결과'를 앞에 두고서는 결코 기뻐하지 않는다. 또한 세상이 주목하지 않는 결과를 낳았다 해도 스스로 인정할만한 과정을 거쳤다면 그것에 만족한다.

이것은 우리가 올바른 인간이 되기 위해 꼭 갖춰야 할 인식이다. 현명한 사람은 불규칙한 결과에 휘둘리지 않고 그가 지나쳐온 과정을 포함한 모든 본질을 꿰뚫어 보고 있는 것이다. 그러나 한 편, 스미스는 다음과 같이 말하기도 했다.

의역

결과가 동반되지 않은 노력은 높은 평가를 얻어낼 수 없다.

원문

은혜를 베풀어 주려고 노력했으나 무위(無爲)로 끝난 사람은 자신의 노력이 성공했더라면 그의 수혜자로부터 받았을 것과 동일한 감사의 감정을 결코 기대하지 않는다. 또한 성공했을 경우 그의 수혜자가 자신에 대해 가졌을 것과 동일한 공로(功勞)의 감정도 스스로 느끼지 못한다.

— 도덕 감정론에서

그는 "결과가 없다면 세상은 인정해주지 않는다. 또한 결코 세상이 인정해주길 바래서도 안 된다"고 말했다.

세상은 과정보다는 결과를 중시한다. 따라서 아무리 완벽한 과정을 거쳤다고 할지라도 눈에 보이는 결과가 존재하지 않는다면 그 어떤 평가도 받을 수 없다.

이것은 우리에게 "역시 세상은 그 안에 존재하는 본질을 평가하는 것이 아니라 그저 표면적인 평가만 할뿐이야" 또는 "세상이 내리는 평가는 타당하지 못해"라는 생각을 갖게 할 수도 있다.

그러나 스미스 역시 이 부분에 관해서는 "결과가 없다면 평가받을 수 없는 것은 당연한 일이다"라는 의견을 제시했다.

의역

우리가 내리는 다른 사람에 대한 평가는 결과는 어떠했는가? 라는 질문에 크게 좌우된다.

원문

우리가 접하는 구체적 사건에서는 어떤 행위로부터 우연히 초래된 실제의 결과들은 그 행위의 공과(功過)에 관한 우리의 감정에 매우 커다란 영향을 주고, 또한 이들은 거의 항상 위의 두 가지에 대한 우리의 감각을 고양시키거나 또는 감소시킨다.

— 도덕 감정론에서

"결과뿐만이 아니라 과정 역시 중요하다"는 생각을 갖고 있는 사람도 많을 것이다. 또한 "나는 결과만으로 판단하는 사람이 아니야"라고 말하는 것이 상대방의 기분을 이해해주는 따뜻한 사람으로 보일 것이라 생각하는 사람도 있을 것이다.

그러나 이에 대해 스미스는 "우리는 그저 스스로 느끼지 못할 뿐이다. 실제로는 모두가 결과에 입각한 판단을 내리며 자신이 그런 판단을 내린다는 것을 인정하려 들지 않을 뿐이다"라고 말했다.

의역

우리는 모두 '결과물을 중시'하는 사고를 하고 있음에도 불구하고 스스로 그것을 자각하고 있지 않다. 또한 스스로 그런 사고를 하고 있는 것 자체를 인정하려 들지 않는다.

원문

감정의 불규칙성은 모든 사람들이 느끼지만 어느 누구도 충분히 인식하지도 못하고 용인하려고도 하지 않는다."

— 도덕 감정론에서

스미스는 "다른 사람의 마음을 헤아리는 것이야말로 온정과 인간애의 미덕과 일맥상통하는 것이다"라고 말한다. 이 말만 놓고 보면 열심히 노력해 온 사람이 있다면 비록 그가 좋은 결과를 내지 못했더라도 그 마음을 헤아려 인정해 주는 것이 미덕이라는 생각이 든다. 또한 그것이 우리의 '올바른 인간상'이라 말해도 좋을 듯싶다.

하지만 스미스는 그렇게 생각하지 않았다. 결과가 존재하지 않으면 거기에는 더 이상 의미가 없는 것이며 "비록 결과는 좋지 않았지만 여기까지 열심히 했구나" 등 그 사람을 감싸주려는 행동

역시 해서는 안 된다고 주장했다.

우리는 스스로를 평가함에 있어 안이한 마음으로 우연히 나온 결과를 기뻐해서는 안 된다. 설령 눈을 감고 배트를 휘둘렀는데 홈런이 되었다고 해도 그것에 대한 좋은 평가에 쉽게 편승해서는 안 된다는 말이다. 하지만 반대로 스스로 인정할만한 과정을 거쳤다면 어쩌다 좋지 않은 결과를 낳았다 하더라도 거기에 만족할 줄 알아야 한다. 이것이 바로 현명한 사람의 사고방식이다.

그러나 이것은 "스스로를 어떻게 평가하느냐?"는 질문에 한해서만 해당되는 이야기이다. 스스로를 평가할 때에 자신이 납득할 수 있는 과정을 거쳤다면 그 결과가 좋지 않더라도 그것을 '선(善)'으로 판단해도 된다. 그저 결과만을 고집하는 것이 아니라 더 본질적인 부분을 바라보고 평가해야 하는 것이다. 반면, 세상이 내리는 평가는 결과를 먼저 내야 그 다음 이야기가 진행될 수 있다. 우리가 스스로 내리는 평가와 그 기준을 혼동해서는 안 된다. 아무리 "나는 열심히 노력 했으니까 괜찮다"는 주장을 한들 결코 주위 사람들은 어느 누구도 그렇게 생각해 주지 않을 것이다. 여기서는 스스로를 어떻게 평가하느냐에 주목할 것이 아니라 "결과를 내지 않으면 인정받을 수 없는 것이 당연한 이치"라는 인식을 가져야만 한다.

맺음말

* 사회 속에서 다른 사람과 어울리며 자신의 행동이나 사고 방식을 항상 평가 받자.

* 그 결과물을 가지고 자신만의 규범을 만들자.

* 표면적인 세상의 평가에 흔들리지 말고 스스로의 규범을 따르자.

* 마음속에 소중한 것을 지니도록 하자.

* 그 소중한 것을 배신하지 않도록 항상 주의하자.

〈도덕 감정론〉과 〈국부론〉에서 얻은 결론이다. 최근에는 도처에서 사회의 도덕성이 저하되고 있다는 말을 많이 듣는다. "사회의 도덕성이 저하되고 있다"는 이 말은 어쩌면 사회의 일부인 나 자신의 도덕성 역시 저하되고 있다는 말로 들리기도 한다. 스미스가 말했듯이 "스스로의 행동은 전부 사회에 평가받고 있다." 따라서 '이 행동은 과연 올바른 것인가?'라는 생각을 다시금 하게 되었다.

2011년 3월 11일 동일본 대지진 이후, "나는 사회에 어떤 공헌을 해왔는가?" 혹은 "나는 지금 무엇을 할 수 있을까?" 등을 고민하는 사람들이 많이 늘었다.

물론 내가 할 수 있는 일, 해야만 하는 일은 때와 장소에 따라 다를 것이다. 그러나 어떤 곳에서든 누군가가 원하는 일이 그 질문의 대답이 아닐까? 혼자서 아무리 고민해본들 정답은 그리 쉽게 보이지 않는 법이다. "나는 지금 무엇을 해야만 하는가?"라는 질문은 곧 "나는 무엇을 해야 올바른 것인가?"라는 질문과 같다. 그리고 그 "무엇을 해야 올바른 것인가?"라는 질문을 스미스의 말대로 우리 사회에 던져보아야 할 것이다.

언뜻 보기에는 그저 다른 사람에게만 맡기고 자신은 뒤에 숨어버리는 것 같은 느낌을 받을 수도 있다. 하지만 결코 그렇지 않다.

우리가 스스로는 선악의 판단을 할 수 없는 것과 마찬가지로 "지금 내가 무엇을 해야 하는가?"라는 질문 역시 스스로는 판단하기 어려울 것이다. 그 대답을 알기 위해 사회의 힘을 빌리는 것은 절대 다른 사람에게만 맡기는 일도 아니고 무책임한 일도 아니다.

또한 스스로를 비즈니스맨이라 가정했을 때에도 마찬가지로 현명한 사람의 마음가짐이 중요하다는 것을 새삼 깨달았다. 스미스는 모든 행동을 하기 전에 '내면의 재판관'과 '마음의 소리'에 따라야 한다고 생각했다. 마음의 소리를 따라가는 것이 인간으로서 올바른 행동을 하는 제일 첫 번째 조건인 것이다. 이것은 비즈니스에 있어서도 마찬가지이다. "마음의 소리를 따라야 한다"는 말은 비단 라이벌과의 경쟁에만 적용될 수 있는 것이 아니다. 소비자와의 관계에도 적용해 볼 수 있다. 판매자는 자신의 정의에 따라 생산한 물건들만 소비자에게 판매해야 한다.

내가 정말 믿을 만한 상품으로 비즈니스를 하고 있는가? 스스로에게 이 질문을 던지는 것이 중요하다. 스미스가 살던 시대와 비교해보면 현대 사회는 더욱 다양해지고 복잡해졌으며 상당히 빠른 속도로 성장해 나가고 있다. 따라서 현대 비즈니스 사회에서는 어떤 상품이 세상(소비자)의 좋은 평가를 받을까, 어떤 상품을 만들어야 잘 팔릴까 등의 질문에 대해 쉽게 대답하기 어려워졌다. 요컨대 '좋은 물건'이라는 말은 대체 어떤 것을 가리키는 것인지 점점 파악하기 어려워지고 있다. 그 결과, 생산자 역시 좋은 물건인지 아닌지 파악하지 못한 채 만들어버린 상품들이 존재하며 다른 회사의 물건을 베낀 상품이나 히트상품을 재탕한 상품 등이 가게에 진열되어 있는 것이다.

어떤 상품이 히트치면 그 다음에 그 상품을 재탕하고 삼탕한 제품들이 우수수 쏟아지는 것을 본 적이 있을 것이다. 이것은 상품의 생산자가 '내면의 재판관'이나 '자신만의 정의'를 따르지 않은 것의 현대적인 예라고 할 수 있다. 왜냐하면 재탕, 삼탕한 제품은 스스로 좋다고 판단했기 때문에 세상에 나온 것이 아니라 "그저 세상이 그것을 좋게 평가 한 것 같아서"가 그 원인이기 때문이다.

물론 재탕된 상품들이 전부 그렇다는 말은 아니다. 히트 상품을 보고 감화되어 "나도 저런 상품을 만들어 보고 싶어!"라는 마음으로 물건을 제작한 사람도 있을 것이다. 이런 경우는 제작에 관한 과정을 스스로 납득하고 있을 뿐만 아니라 자신만의 정의를 따르고 있는 것이라 할 수 있다.

하지만 단순히 겉모습이나 기능만 똑같이 따라 만든 제품이나 그냥 팔리기만을 바라는 것처럼 보이는 상품이 많이 존재하는 것도 사실이다.

자본주의 경제 속에서 살고 있는 비즈니스맨들은 매상과 이익의 확대만을 바라보며 열심히 살아간다. 이러한 점 때문에 조금이라도 팔릴 것 같은 시장을 발견하면 즉시 거기에 흥미를 느끼는 것은 당연한 이치이다. 현대 사회는 너무나 많은 상품들이 유통되고 있기 때문에 완벽한 오리지널 상품이나 다른 제품과 같은 부분을 조금이라도 찾아볼 수 없는 상품을 발견하는 일이 오히려 더어려울 수 있다. 의도한 것이 아님에도 불구하고 어쩔 수 없이 다른 상품과 비슷한 부분이 있는 제품도 많을 것이다. 그렇다 할지라도 만일 스미스가 현대 사회에 살고 있었다면, "그 상품이 정말 너의 내면의 재판관의 의견을 따라 만든 것인가?"라는 질문을 던질 것이다. 질문에 대한 당신의 대답이 'No'라면 그 비즈니스는 도덕관념에 반하고 있는 것이기 때문에 비난을 피할 수 없을 것이다.

자신의 상품이 정말 좋은 물건인지 아닌지, 고객에게 진심으로 추천할 수 있는 물건인지 아닌지는 그 누구보다 자신이 더 잘 알고 있을 것이다. 진심으로 사람들에게 권장할 수 없는 물건임에도

"비슷한 물건이 잘 팔리고 있으니까", "발매하면 왠지 사람들이 많이 살 것 같아서"라는 이유만으로 상품을 판매하려고 해서는 안 될 것이다.

자본주의 경제 속에서 살아간다는 것은 어떻게 보면 참 힘든 일이다. 항상 우리는 결과를 내야 하고 오늘, 내일 먹고 살기 위해 돈을 벌어야만 한다. 이렇게 우리는 어떻게든 매상을 올리기 위해 매일 고객이 살만한 물건을 필사적으로 찾으며 살아간다. 어쩌면 이것이 현대 자본주의의 숙명일지도 모른다는 생각이 든다. 그러나 이런 사회 속에서 살고 있기 때문에 내면의 재판관의 의견을 따르지 않고 자신의 마음을 속인 채 일하는 사람들이 더욱 고통받는 것 아닐까? 그들은 스스로 납득할 수 없는 물건이나 '진짜'가 아닌 물건을 판매하면서 "나는 이 사회에서 제대로 된 역할을 하고 있는가?"라는 의구심을 품고 있을 것이다.

"최고의 품질을 자랑하는 상품만 판매해야 한다"는 말이 아니다. 상품의 가격대 별로 질이 그렇게 좋은 편은 아니지만 싼 가격에 살 수 있는 제품을 만들어 내는 것 역시 중요하다. 그러나 그런 경우에도 "최고급 모델에 비해 질은 조금 떨어지지만 이 상품만은 자신 있게 추천할 수 있어"라는 마음을 가지고 비즈니스에 임해야 할 것이다.

자기 자신에게 한 치의 거짓이 없는 비즈니스를 한다면 마음의 평정을 얻는 일 또한 가능할 것이다. 그렇다면 무엇이든지 일단 팔 수 있으면 괜찮다거나 돈만 벌 수 있으면 괜찮다는 생각을 가지고 있는 사람보다 훨씬 알찬 인생을 보낼 수 있을 것이다. 그리고 그것이 바로 우리가 해야 하는 일이다.

마지막으로 내가 〈도덕 감정론〉에서 느낀 가장 큰 깨달음을 이야기 하겠다.

스미스는 인간을 '현명한 사람'과 '경박한 사람'으로 나누어 현명한 사람이 되는 것을 행복의 조건으로 명시했으며 그것을 올바른 인간상으로서 제시했다.

여기서 중요한 점은 현명한 사람과 경박한 사람을 구분하는 것이 성과의 차이가 아니라는 것이다. 아무리 높은 실적을 쌓았다고 해도 세상의 표면적인 평가에 휘둘리는 사람은 경박한 사람이다. 반면 그 정도의 높은 업적은 쌓지 못했지만 마음에 한 점 부끄럼 없이 정직하게 살아가는 것이 현명한 사람이다.

예전에 한 신용카드 회사의 TV광고에서 이런 묘사가 등장했었다. 축구 시합 중에 어떤 팀의 주 공격수인 선수가 마치 상대편 선수의 공격 때문이라는 느낌이 드는 동작을 취하며 일부러 넘어진다. 그렇게 해서 결국 파울을 얻어 내는 장면이 나오는데 그 CF에서는 그 선수를 '가짜'라고 표현했다. 특정한 인물을 가리킨 것은 아니지만 프로 축구 경기에서 주 공격수라고 불릴 정도의 인물이면 축구라는 분야에 있어 분명 전문가일 것이다. 따라서 평소에 하는 퍼포먼스도 당연히 일류급일 것이다. 분명 그 선수는 긴 세월의 훈련을 거쳐 그 자리에 올랐을 것이다.

그러나 제 아무리 에이스 선수라 할지라도 결국은 자신을 속이고 심판이나 관객들을 기만했으므로 그는 '가짜'에 불과하다.

2000년 시드니 올림픽 남자 유도 100킬로그램 초급 결승전에서 있었던 '사건'을 기억하는 사람이 적지 않으리라 생각한다. 당시 일본 대표였던 시노하라(篠原信一, 일본의 남자 유도선수)가 허벅다리 비껴되치기 기술을 이용해 상대 선수를 던졌다. 모두가 한판승이라고 확신했을 때였다. 그런데 심판은 상대선수에게 '유효' 포인트를 주었다. 결국 시노하라 선수는 그 경기에서 져 은메달에 그쳤다.

상대선수는 시노하라의 '허벅다리 비껴되치기' 기술을 받고 분명 유도 매트에 등부터 떨어졌다. 그렇기 때문에 아마도 선수 자신은 스스로 졌다는 사실을 분명히 알고 있었을 것이다. 하지만 시합 후의 사진들을 살펴보니 상대편 선수는 양손을 높이 들고 그저 승리의 기쁨에 도취되어 있을 뿐이었다. 심판의 판정을 절대적인 것이라고 생각한다면 이 시합에서 승리한 것은 분명 상대선수이다. 그렇다면 그 선수는 과연 현명한 사람이었을까?

현명한 사람과 경박한 사람을 구별하는 방법은 "얼마나 큰 실적을 세웠느냐?"가 아닌 본인 스스로가 세운 도덕규범을 얼마나 진지한 태도로 따르고 있느냐이다. 거짓을 말하지 않고 주위의 말에 휘둘리지 않으며 꿋꿋하게 스스로 올바르다고 생각한 것을 해 나가는 것이 바로 현명한 사람의 자세이다.

앞서 제2장에서 이치로 선수가 현명한 사람이라는 것에 대해 설명했다. 이치로 선수는 모두가 인정하는 대기록을 세웠으며, 전설로 남을 만한 위대한 선수다. 그러나 그를 현명한 사람이라 말하는 이유는 그가 세운 엄청난 실적 때문이 아니다. 그는 스스로 진지하게 자신에 대한 평가를 내리며 그 안에 존재하는 본질에 주목하고 있기 때문이다. 또한 이치로 선수는 표면적인 칭찬에 휘둘리지 않으며 세상의 좋은 평가를 받지 못하더라도 자기 자신에게 만족할 줄 아는 사람이다. 물론 세계가 인정하는 능력을 갖추고 있는 것보다 더 좋은 것은 없을 것이다. 그러나 그런 뛰어난 능력이 없다하더라도 이치로 선수와 같이 현명한 사람으로서 주위의 인정을 받는 일은 가능하다.

이 책을 읽으며 스미스의 이론에 공감하며 '나도 한번 현명한 사람의 삶의 방식을 따라해 보고 싶다'라고 느끼는 사람들이 혹시라도 있다면 나에게 있어 최고의 기쁨이 될 것이다.

고구레 다이치

진짜 경제학

1쇄 인쇄 2012년 6월 20일
1쇄 발행 2012년 7월 2일

지은이 고구레 다이치 · **옮긴이** 유가영
펴낸곳 도서출판 말글빛냄 · **인쇄** 삼화인쇄(주)
펴낸이 박승규 · **마케팅** 최윤석 · **디자인** 진미나
주소 서울시 마포구 서교동 463-3 성화빌딩 5층
전화 325-5051 · **팩스** 325-5771 · **홈페이지** www.wordsbook.co.kr
등록 2004년 3월 12일 제313-2004-000062호
ISBN 978-89-92114-78-3   03320
가격 12,000원

*잘못된 책은 바꾸어 드립니다.